Portada realizada completamente con la inteligencia artificial DALL-E, con el prompt "Treasure map, designed to guide you through the troubled waters of digitization and the sea monsters that digital disruption brings. Use hex #00A67E".

EL CICLO DE LA TRANSFORMACIÓN DIGITAL

Entender la transformación digital en "fácil" a través de una metodología ágil y con muchos ejemplos prácticos, para contestarnos en cada ciclo el cuál, cuándo, qué, quiénes, cómo y cuánto.

Martin Meister

EL CICLO DE LA TRANSFORMACIÓN DIGITAL

Editado con la
inteligencia artificial

 ChatGPT

Primera edición: junio 2023
ISBN: 979-83-96646-42-1
Copyright © 2023 Martin Meister
www.martinmeister.cl
martinmeisterg@gmail.com

Editado con la ayuda de ChatGPT de
propiedad de OpenAI.com

ÍNDICE

INTRODUCCIÓN

¡Bienvenido a bordo! Te encuentras en el punto de partida de un viaje excitante hacia la transformación digital, un fenómeno que está reinventando la forma en que vivimos y trabajamos. Este libro es tu brújula, diseñado para ayudarte a navegar por el océano de la digitalización y afrontar los desafíos que este trae consigo.

El primer capítulo es nuestro puerto de salida, donde damos una mirada general para ir calentando motores respecto de la transformación digital y los desafíos del mercado. Vivimos en una era de disrupciones digitales profundas que están rediseñando el paisaje de muchas industrias. No es un camino fácil, pero te aseguro que este viaje estará lleno de aprendizajes y descubrimientos. Verás la importancia de abordar este fenómeno ahora y también a afrontar los desafíos de la transformación digital, tanto a través de la digitalización de tus operaciones actuales como a través de la innovación y cambio de tu propuesta de valor utilizando tecnologías digitales.

En el segundo capítulo zarparemos hacia el mundo del continuo ciclo de transformación digital. Aquí, te mostraré cómo la transformación digital está estrechamente relacionada con la innovación, el *design thinking* y la creación de nuevos productos y servicios. Pasaremos por las preguntas clave en todo ciclo de transformación digital: *cuál, cuándo, qué, quién, cómo y cuánto,* preguntas que te guiarán a lo largo de todo el proceso.

El tercer capítulo te ayudará a contestar *cuál* es el problema que piensan que tienen los clientes, sintonizando con las necesidades de tus clientes, una etapa esencial en el ciclo de transformación digital. Aquí, te enseñaré cómo buscar la convergencia entre las necesidades de los clientes y la oferta de tu organización, un paso fundamental para generar valor en la interacción y lograr el alineamiento. Exploraremos la utilidad de los *customer journey maps* y los diagramas de alineamiento, herramientas indispensables para comprender y mejorar las experiencias de tus clientes.

En el cuarto capítulo avanzamos en nuestro viaje a través del ciclo de transformación digital. Después de haber identificado cuáles son los problemas de nuestros clientes, nos embarcaremos en una exploración más profunda para entender *cuándo* suceden las actividades que estamos examinando, en *qué* consisten exactamente y *quiénes* las llevan a cabo. Para ello, te mostraré cómo usar la metodología del análisis de flujo de procesos, una herramienta poderosa para entender y optimizar tus operaciones.

En el quinto capítulo comenzaremos a abordar la gran pregunta del *cómo*. Aquí, entraremos en el fascinante mundo de las soluciones tecnológicas y cómo están transformando nuestras vidas. Desde la inteligencia artificial hasta las tecnologías habilitadoras y esenciales, te llevaré a través de una exploración de las diferentes tecnologías y cómo puedes aprovechar su poder para impulsar la transformación de tu negocio.

El sexto capítulo añade otra capa a nuestra comprensión

del *cómo*, explorando el mundo de la experimentación. Verás cómo los experimentos pueden ayudarte a tomar decisiones informadas y a probar tus prototipos de transformación digital. A través de una variedad de ejemplos y casos de estudio, te mostraré cómo llevar a cabo experimentos efectivos que te ayuden a innovar y mejorar tus productos o servicios.

En el séptimo capítulo nos adentramos en el importante papel que juegan los datos en la transformación digital, que contestan el *cuánto*. Los datos son una herramienta valiosa para impulsar la innovación y mejorar constantemente la propuesta de valor. Te guiarán en la identificación y priorización de oportunidades, en la definición y cuantificación de tus procesos, y durante toda la emocionante etapa de experimentación. Juntos, exploraremos el mundo de los datos, desde los análisis descriptivos, predictivos y prescriptivos, hasta las diferentes fuentes de datos y su utilidad.

El octavo capítulo es tu guía para priorizar las oportunidades de transformación digital. Aquí, entenderás la importancia de la matriz de impacto-esfuerzo para evaluar y seleccionar las oportunidades más prometedoras. También exploraremos criterios adicionales para seleccionar oportunidades, proporcionándote una variedad de herramientas para tomar decisiones estratégicas.

Por último, pero no menos importante, en el noveno capítulo te mostrará cómo una empresa real, que llamaremos Fortune Ltd., aplicó el completo ciclo de transformación digital, es decir, la identificación de oportunidades junto con la investigación preliminar, la especificación de posibles soluciones, el desarrollo del concepto, las pruebas y el testeo de prototipos, para finalmente llegar al lanzamiento, si es que correspondía. A través de su historia, te ofreceré una visión clara y tangible de cómo puedes aplicar todo lo que has aprendido en tu propio contexto.

En resumen, este libro es más que un mero compendio de conceptos y teorías; es un mapa detallado y una brújula confiable para navegar por el océano de la transformación digital. Así que, ponte cómodo, porque este va a ser un viaje emocionante.

¡Vamos a zarpar!

AGRADECIMIENTOS

Quiero empezar agradeciendo a mi familia. Ellos han sido mis faros, incansables en su aliento y apoyo, llenándome de la audacia necesaria para embarcarme en este proyecto. Mis alumnos, los protagonistas de incalculables cursos, seminarios y talleres, han sido parte integral de este viaje. Sus experiencias, comentarios y casos han nutrido estas páginas. Cada reflexión, cada pregunta, cada historia, ha sido un regalo invaluable. A la Pontificia Universidad Católica de Chile, mi hogar académico, le debo una gratitud profunda. Su ambiente estimulante ha sido mi trampolín para explorar, enseñar y aplicar conceptos de digitalización y transformación digital. También estoy inmensamente agradecido a todos los académicos, profesionales, universidades, centros de investigación y consultoras que aportaron su inspiración, información y herramientas. Ellos han esculpido el esqueleto de este trabajo. Mención especial a OpenAI y su inteligencia artificial, ChatGPT, un editor inigualable y compañero de trabajo incansable. Su asistencia fue vital para dar forma a este libro. Finalmente, un reconocimiento sincero a Seth Godin, el autor, emprendedor y speaker que inspiró a ChatGPT en el tono de escritura de este libro.

ACERCA DEL AUTOR

Martin Meister es Master of Science in Marketing Management de Boston University, EE.UU., e Ingeniero Civil Industrial de la Universidad de Chile. Ha ejercido como Director Comercial de Educación Continua y Director de la unidad de educación *online* Clase Ejecutiva UC, ambas de la Pontificia Universidad Católica de Chile. Además, como Director del programa MBA y la Dirección de Postgrados y Postítulos de la Universidad de Chile.

Profesor de la Pontificia Universidad Católica de Chile, ha participando en programas tanto de magísteres, educación continua como de iniciativas corporativas. Se ha dedicado a la docencia e investigación en tópicos relacionados con los modelos y el uso de herramientas para la transformación digital y los procesos para impulsar su implementación; a la utilización de las principales herramientas del *marketing* digital, pasando por todas las etapas para una exitosa implementación de un plan de *marketing* digital, especialmente a través de diversas tácticas digitales. Finalmente, al desarrollo de oportunidades de negocios a través del *marketing* estratégico.

También ha ejercido diversos cargos ejecutivos dentro de las industrias de las telecomunicaciones, financiera y de educación continua, siempre en ámbitos altamente innovadores, cambiantes y disruptivos, liderado los últimos años el desarrollo integral de la educación *online*.

Cualquier información adicional puede ser buscada directamente en martinmeister.cl.

CAPÍTULO 1
LA TRANSFORMACIÓN DIGITAL Y LOS DESAFÍOS DEL MERCADO

En los últimos años, muchas industrias han experimentado cambios radicales, como el *retail*, que ha sufrido cambios dramáticos. Ya no basta con tener la mejor ubicación o los mejores productos; ahora es crucial estar donde los consumidores se encuentran, a través de diversos canales de contacto y distribución, como el *delivery*, sin rodeos, ¡hay que reinventar la forma en que ofrecemos nuestros productos o servicios, adaptando nuestra propuesta de valor! Otras industrias también están sufriendo profundas disrupciones digitales, como las telecomunicaciones, los medios de comunicación y de entretenimiento, las empresas tecnológicas, de servicios financieros, inclusive las organizaciones educativas. Es interesante observar que las industrias que han acelerado su disrupción después de la pandemia del covid-19 son las pertenecientes a la salud y las farmacéuticas, el mismo *retail*, la educación y los servicios profesionales.[1]

¿Cómo podrán abordar las organizaciones este creciente fenómeno? Bueno, fundamentalmente a través de dos vías:

la primera es con la llamada digitalización, donde se utilizan tecnologías digitales para mejorar y hacer más eficientes nuestras operaciones. La segunda es con la transformación digital propiamente tal, en la que tienes que buscar innovar y cambiar tu propuesta de valor utilizando tecnologías digitales. Estos dos procesos están estrechamente relacionados, lo que los convierte en uno de los desafíos más difíciles e importantes que enfrentan las organizaciones en la actualidad.

La travesía por el desierto del *retail*

Antes de continuar con los concepto de transformación digital, me gustaría que le diésemos un doble clic al *retail*. Los cierres de miles de tiendas al año han sido una constante de esta industria, especialmente en los Estados Unidos, tendencia que no solo se ha acelerado, sino también profundizado en los últimos años.[2] En general, la mayoría de las tiendas cerradas se encuentran en centros comerciales, con los sectores de ropa, calzado y accesorios entre los más golpeados.[3] Ahora bien, es evidente que el modelo de *e-commerce* ha sido el que ha sacudido a las tiendas físicas. Sin embargo, ten en cuenta que las ventas en línea tienen sus limitaciones, principalmente debido a la necesidad de una experiencia física con las marcas y los productos. Esta realidad se pone de manifiesto con la incursión de Amazon en el mundo de las tiendas físicas, cuando hace unos años adquirió la cadena de productos orgánicos WholeFoodsMarket.com por casi 14 mil millones de dólares, lo que demuestra el valor que aún tienen las tiendas físicas. Esta acción confirma que fusionar experiencias físicas y en línea de manera integrada y sincrónica es la estrategia adecuada. Este enfoque ha llevado a la mayoría de los *retailers* tradicionales a adoptar una postura audaz para sobrevivir en esta nueva realidad híbrida, manteniendo una integración consistente entre la tienda y la experiencia digital.

Imagina ser Target.com, un *retailer* que ha estado trabajando en su estrategia digital y, finalmente, en 2017, comienza a ver resultados con un crecimiento anual del 11%.[4] ¿Cómo lo lograron? Invierten 7 mil millones de dólares para utilizar su presencia física y apoyar su canal digital. Tres pilares forman su estrategia: aumentar el surtido, enfocarse en la facilidad y conveniencia y desarrollar servicios como compras en línea y entrega a domicilio. Adquieren Shipt.com por 550 millones de dólares y, de repente, pueden ofrecer entregas en el mismo día. Piensan en sus tiendas como centros de actividad, ya que tres cuartas partes de la población de EE. UU. viven a menos de 10 millas de una de sus tiendas.

Observa a otros *retailers* tradicionales que también han impulsado sus capacidades digitales a través de adquisiciones. Kroger.com se asocia con Ocado.com para mejorar su negocio de entrega con almacenes operados por robots. Walmart adquiere Parcel y se asocia con Alert Innovation para automatizar la recogida de pedidos de comestibles en línea.

Por otro lado, en el camino hacia el *smart retail* HMGroup. com está construyendo almacenes automatizados y mejorando la experiencia en tienda con tecnología infrarroja. La realidad aumentada también está entrando en escena, como Loreal. com, que incorpora espejos con esta tecnología en sus tiendas, permitiendo a los usuarios probar virtualmente el maquillaje en tiempo real. Estos espejos mágicos podrían impulsar un mercado de 28 mil millones de dólares para fines de la década del 2030, con un crecimiento anual sobre el 20%.[5]

Así que, aquí estás, navegando en el mundo del *retail* tradicional, que se transforma digitalmente gracias a las compras en línea. Algunos han sido lentos en reaccionar, pero aquellos que han invertido en la omnicanalidad y la experiencia del usuario ya están cosechando los frutos.

Las profundidades de la transformación digital

Integrar tecnología en nuestro día a día puede ser un camino emocionante, tanto para mejorar la experiencia de nuestros clientes como para agregar ese toque extra a nuestros productos y servicios. Sin duda, esto puede impulsar nuestras ventas y engrosar nuestros márgenes. Pero, ojo, no caigamos en la trampa de pensar que la tecnología por sí misma transformará industrias; al final del día, no estamos modificando realmente lo que ofrecemos. Pongamos el caso de Uber: ¿qué hizo que todo cambiara? No se trató simplemente de ofrecer viajes o de evitar la compra o alquiler de un automóvil, sino de resolver las inseguridades, molestias y angustias que conlleva moverse en una ciudad congestionada. Uber logró esto al crear una plataforma que conecta personas y transporte, ofreciendo una experiencia digital a medida, ágil y enriquecida con información útil: tiempo estimado de llegada del vehículo, datos del conductor, costo y duración estimada del trayecto, un sistema de pago seguro y la opción de evaluar el servicio. ¿Lo vieron venir los taxis? ¿Podrían haber replicado ese modelo? ¿Por qué no lo hicieron? ¿Todavía tienen la oportunidad de cambiar su propuesta de valor?

¿Serán capaces?

Imagina que la transformación digital es como un viaje en el que nuestro negocio se adapta y evoluciona. Gerald Kane del MIT[6] nos dice que el enfoque más efectivo es adoptar procesos y prácticas que nos permitan navegar en este océano digital, en constante crecimiento. Así, la transformación digital se convierte en una historia sobre cómo nuestro negocio se ajusta a las tendencias digitales, sean de nuestro agrado o no. Aquí, la estrategia, la gestión del talento, la estructura organizacional y el liderazgo juegan roles protagónicos. En este mundo que se reinventa gracias a las herramientas digitales, no necesitas ser un superhéroe para liderar en la era digital. Todos los gerentes, por defecto, deben transformarse en gerentes digitales, y eso significa adaptarse. Un obstáculo en este viaje es caer en las trampas de la transformación. A menudo, las empresas simplemente digitalizan sus procesos actuales en lugar de reinventarlos con el poder de las nuevas tecnologías. Este enfoque no resuelve los problemas subyacentes y puede dejar a nuestro negocio operando de manera ineficiente o sin cumplir con las expectativas de los clientes. En resumen, nos estamos perdiendo la oportunidad de rediseñar nuestro negocio para ejecutar nuestra estrategia de manera más efectiva.[7]

Y si estuvieses en una misión para cautivar a tus clientes y al mercado con ofertas digitales sorprendentes. ¿Cómo lo haces? Bueno, no solo rediseñando tus procesos de negocio, sino también repensando cómo definimos, creamos y llevamos nuestra oferta de valor al mundo. Vamos a tejer conexiones sin costuras entre las personas en nuestra organización y nuestros sistemas automáticos, de modo que la experiencia del cliente sea siempre extraordinaria. Por ejemplo, piensa en un cliente que pasa del área de ventas al área de servicios, o de canales digitales automatizados a interacciones con seres humanos. ¿No sería fantástico si las personas, los procesos y la tecnología estuvieran perfectamente sincronizados, haciendo que todo fluyera sin problemas? Aquí está el truco: la sincronización no ocurre por accidente. Tenemos que ser intencionales en ajustar estos tres elementos para ofrecer nuestra nueva propuesta de valor. En última instancia, ese es el objetivo del diseño de los negocios digitales y lo que llamamos transformación digital en las organizaciones más tradicionales.

El poder del uso de los datos

La magia de la información y los datos radica en su poder para transformar el éxito de cualquier organización. No se trata solo de ayudar a los consumidores a descubrir productos y servicios que les fascinen, sino también de permitir a las empresas profundizar en el perfil de sus clientes, experimentar con nuevos productos y servicios, mejorar la toma de decisiones y optimizar sus procesos productivos cruciales, especialmente en el ámbito de la transformación digital.

Al principio, la gran ventaja de las compras en línea era ahorrar tiempo al no tener que viajar a una tienda física. Sin embargo, con el tiempo, empresas como Amazon.com y otros gigantes del comercio electrónico desarrollaron habilidades analíticas para elevar su juego. Amazon, por ejemplo, empleó una técnica temprana conocida como recomendación, basada en un algoritmo llamado filtro colaborativo. La genialidad de este sencillo algoritmo de recomendación radicaba en encontrar clientes con similitudes basadas en sus patrones de compra. Más allá de las recomendaciones, la analítica también aborda los desafíos logísticos de enviar productos de la manera más rápida y eficiente posible. Imagina intentar predecir qué se venderá en cada región geográfica o qué demandarán los clientes. Este concepto, conocido como *predictive shopping* o compra predictiva, es un área en la que Amazon ha estado trabajando durante años. De hecho, han patentado un sistema llamado Anticipatory Shipping, que utiliza el historial de compras de un consumidor, sus patrones de compra y los niveles de oferta y demanda de ciertos productos para predecir su próxima adquisición, enviándole el producto incluso antes de que lo solicite.[8]

Otro factor crucial a tener en cuenta son los múltiples medios que los consumidores utilizan en su relación con nosotros a el denominado *customer journey*. Las personas hoy en día se acercan a las empresas de diversas maneras, utilizando diferentes dispositivos para comparar productos, compartir sus opiniones y, en última instancia, tomar decisiones de compra. Esta tendencia ha llevado a un aumento en la cantidad de puntos de contacto a lo largo de todo el proceso, lo que significa que debes esforzarte por ofrecer una experiencia de atención al cliente más personalizada y coherente en cada etapa del camino.

Por otro lado, en un mundo en constante evolución, las marcas deben adaptarse a las cambiantes formas en que las personas descubren sus productos y servicios. Anteriormente, los medios tradicionales eran los más relevantes, pero en la actualidad, los medios digitales son los que lideran el camino. La buena noticia es que estos medios nos brindan la oportunidad de recopilar una gran cantidad de datos detallados sobre el comportamiento de las audiencias. Esto nos permite experimentar y recopilar los resultados para guiar nuestros procesos de transformación digital. En este sentido, Spotify.com es un gran ejemplo de cómo aprovechar al máximo los experimentos tipo A/B *testing* para el desarrollo de productos, procesos, infraestructura digital y cultura.[9] Tomemos, por ejemplo, la interfaz de modo automóvil que probó con algunos de sus usuarios. El objetivo era ofrecer nuevas experiencias de usabilidad en el vehículo. Los usuarios podían navegar y buscar música a través de controles de voz, mientras que la vista del reproductor de pistas incluía controles sencillos y un botón de micrófono para buscar en la biblioteca de Spotify. Con controles de voz que permitían acceder a la música o los *podcasts* reproducidos recientemente, esta interfaz eliminó muchas de las distracciones visuales que suelen estar presentes en la pantalla, todo para prevenir accidentes.[10]

Otro caso destacado en el uso de los datos es la centenaria empresa P&G. Por un momento sumerjámonos en su fascinante mundo, donde ha descubierto cómo abrazar el poder del *big data* y la inteligencia artificial para reinventar su enfoque hacia el crecimiento. Con la certeza de que los algoritmos de *machine learning* son el motor que impulsa su evolución, P&G ha decidido fundamentar cada decisión de negocio en datos precisos. De este modo, persiguen el producto perfecto, el empaquetado adecuado, la comunicación exacta y la ejecución impecable. ¿Cómo? Desmantelando los silos de información y utilizando plataformas tecnológicas que les proporcionen una visión única y coherente de su negocio, para así alcanzar rendimiento y escalabilidad de manera rentable. Con esta estrategia, buscan enfrentarse a tres desafíos clave: construir una cadena de suministro eficiente, optimizar la ejecución en el sector minorista y ofrecer productos y empaques superiores.[11]

Adentrémonos en dos iniciativas notables que P&G ha puesto en marcha. La primera es Neighborhood Analytics, o analítica de vecindario, que les ha permitido comprender de manera granular y local las necesidades y hábitos de compra de sus consumidores. Esta herramienta es versátil y se adapta a múltiples casos de uso, desde ventas y marketing hasta la cadena de suministro y áreas afines.[12] Por otro lado, nos encontramos con la iniciativa llamada Predix Manufacturing Data Cloud o nube de datos de manufactura, una plataforma especialmente diseñada por GE Digital. Esta maravilla tecnológica se encarga de consolidar, transformar y almacenar en la nube todos los datos de fabricación de las plantas de P&G, facilitando el análisis de negocios posterior. Gracias a esta iniciativa han logrado una visión detallada y respaldada por datos de sus procesos de fabricación, impulsando la eficiencia en todas sus plantas. Además, les está ayudando a cumplir con las normas de *data compliance* y a aumentar significativamente la velocidad de sus operaciones locales.[13]

La guía maestra de los que se transforman

En un mundo donde la transformación digital se ha convertido en el pilar de la supervivencia empresarial, los estudios realizados por expertos como McKinsey, el CISR del

MIT Sloan, Boston Consulting Group y otros en empresas latinoamericanas nos ofrecen una guía para entender las características cruciales de las organizaciones exitosas en su proceso de metamorfosis digital. Para aquellas empresas que no nacieron en la era digital, los desafíos son aún mayores, ya que deben lidiar con versiones heredadas de personal, procesos, tecnología y cultura. Estos elementos son fundamentales para competir con éxito en un mundo cada vez más digital y constituyen la base de cualquier proceso de transformación.

Entonces, ¿cuáles son las características que suelen compartir las organizaciones que han implementado transformaciones digitales exitosas? La receta incluye: una visión amplia y de alto nivel, equipos de desarrollo multifuncionales, experimentación constante, co-creación con clientes, agilidad en la toma de decisiones y el uso de indicadores para motivar y medir el progreso.

La recompensa para las empresas que adoptan estas prácticas es evidente. Los estudios de Boston Consulting Group[14] muestran que los líderes digitales logran crecimientos de casi el doble en sus ganancias en comparación con los rezagados digitales, y más del doble del crecimiento en su valor empresarial total. Estas mejoras en la productividad y la experiencia del cliente son el resultado de la forma en que trabajan y se transforman. Sin embargo, el fracaso también tiene un costo, ya sea en grandes inversiones en tecnología, malas experiencias de los clientes, oportunidades de crecimiento perdidas, disminución en la productividad o tiempo malgastado, que a menudo es aprovechado por la competencia. Es importante destacar que solo el 30% de las empresas incluidas en estos estudios afirman que los resultados de su transformación superaron sus expectativas y lograron un impacto sostenible a lo largo del tiempo, lo cual nos indica el nivel del desafío que tenemos entre manos.

Veamos en detalle estás prácticas en acción, y cómo las abordan estas organizaciones exitosas.

Visión telescópica y de alto nivel

Adoptar una visión amplia y de alto nivel significa abarcar la totalidad de la organización, trascendiendo los proyectos individuales y enfocándose en el modelo de negocio en sí mismo, en la cultura organizacional y en la implicación de todas las unidades de negocio. Los esfuerzos de transformación más exitosos involucran una parte sustancial de la fuerza laboral y cuentan con el compromiso tanto del directorio como de los gerentes, especialmente el CEO.

Un ejemplo brillante de esta visión es la cementera mexicana Cemex, que ha decidido revolucionar la industria de la construcción a través de su iniciativa Cemex Go.[15] En su búsqueda por mejorar la experiencia de sus clientes, esta plataforma digital les permite realizar pedidos, revisar el historial de transacciones, rastrear sus envíos en tiempo real mediante GPS, recibir notificaciones instantáneas del estado de un pedido, ajustarlos, solicitar facturación y realizar pagos a través de múltiples dispositivos. De este modo, los clientes disfrutan de un servicio de postventa completo, visibilidad y transparencia de toda la información que necesitan para administrar mejor su negocio. Gracias a Cemex Go, lo que antes tomaba horas, ahora se realiza en minutos.

Ensamblar equipos de desarrollo multifuncionales

Otra de las claves del éxito en la transformación de una empresa radica en las personas involucradas en el proceso. No se trata simplemente de un esfuerzo aislado del departamento de innovación o de tecnología, sino de la participación activa de una porción significativa de la organización en la búsqueda de soluciones. Imaginemos, por ejemplo, al personal del área comercial, al equipo de desarrollo y al departamento de servicio al cliente trabajando en sintonía, conectándose con los clientes, probando ideas, explorando posibilidades y trazando juntos la hoja de ruta de las soluciones desde la concepción hasta su materialización. Estamos hablando de un enfoque de equipo multifuncional.

De hecho, se ha estimado que las transformaciones operacionales multifuncionales tienen un rendimiento casi un 40% superior al de aquellas centradas en una única función.[16] Además, las transformaciones multifuncionales pueden contribuir a reducir el riesgo empresarial y mejorar la resiliencia en la organización, aspectos de vital importancia en momentos de volatilidad económica.

Experimentar con todo y con todos

En el vertiginoso mundo digital en el que nos encontramos, las empresas con visión de futuro se mueven rápido, experimentan y adaptan su rumbo. Se atreven a explorar nuevas oportunidades, aprendiendo en el camino qué funciona y qué no. Esta agilidad es algo que las empresas nativas digitales han abrazado desde sus inicios, y es lo que las ha llevado al éxito. Tomemos el caso de Airbnb.com. Comenzaron ofreciendo una habitación con un colchón inflable, desayuno y un recorrido por la ciudad. Pero, al aventurarse a experimentar con distintos enfoques, descubrieron que su verdadero potencial estaba en conectar a personas que buscaban alojamiento con aquellas dispuestas a compartir sus hogares. ¡Qué salto sorprendente!

Ahora, pensando en las organizaciones no nativas digitales y que han emprendido una exitosa transformación digital, en general adoptan un enfoque granular, impulsado por pequeñas iniciativas que emergen de la experimentación constante. Los estudios de McKinsey nos revelan que más de la mitad del valor generado en sus transformaciones digitales proviene de proyectos que representan menos del 0,5% del valor total invertido.[17]

Estos proyectos más pequeños, liderados por colaboradores comprometidos, suelen ser más ágiles y efectivos. Pero no debemos olvidar la importancia de una transformación integral en toda la empresa. Estos esfuerzos granulares no deben desarrollarse en silos; al contrario, deben coordinarse entre sí, generando un crecimiento modular e integrado. La clave es unir todas estas piezas para formar un todo armonioso, una empresa que evoluciona con éxito en un mundo digital en constante cambio.

La co-creación al centro del valor

Siempre ha sido crucial para las organizaciones descubrir las necesidades de sus clientes y, por supuesto, satisfacerlas ofreciendo un valor tal que las personas estén dispuestas a pagar por ello, logrando rentabilidad en el proceso. Un enfoque poderoso para alcanzar este objetivo es la co-creación con los clientes, que va más allá de simplemente encuestarlos. Se trata de trabajar codo a codo con ellos, escuchar sus desafíos y comprender las soluciones que desean.

La co-creación a menudo involucra talleres en los que se recopilan valiosos datos e ideas a partir de estas interacciones. Philips.com[18] es un ejemplo de empresa que ha dominado esta metodología. A lo largo del tiempo, han realizado numerosos *workshops* con sus clientes potenciales, enfocándose en abordar problemas de salud. Este enfoque colaborativo les ha llevado a descubrir una amplia gama de nuevos servicios relacionados con electrocardiogramas, máquinas de rayos X y registros médicos electrónicos. Al co-crear con sus clientes, Philips ha podido recopilar más datos y proporcionar información actualizada a médicos y unidades de cuidados intensivos, ayudándoles a resolver sus problemas de manera más efectiva.

Moverse como gacela

En el cambiante mundo de hoy, las organizaciones exitosas son aquellas que abrazan la agilidad y la renovación constante, aprendiendo de las *startups*, especialmente las digitales. Estas empresas tienen la habilidad de transformar el entusiasmo inicial de la generación de ideas en planes sólidos y alcanzables en pocos meses, y su ejecución sigue a un ritmo igualmente rápido. La clave radica en buscar pequeños, pero significativos triunfos iniciales que alimenten el entusiasmo de los equipos y creen un ciclo virtuoso de transformación. Mantener este impulso es crucial, y las organizaciones que prosperan renuevan hasta el 70% de sus iniciativas después del primer año,[19] a menudo reemplazando aquellas que han sido canceladas o reducidas.

Algunas incluso incorporan esta práctica en su proceso de planificación anual. Claro, algunas transformaciones digitales son más grandes, particularmente cuando involucran procesos centrales. En estos casos, es sabio dividir las transformaciones en fases o etapas e impulsarlas individualmente. Esto no significa que se trabajen de manera aislada; al contrario, es vital mantener equipos multifuncionales que se muevan transversalmente por toda la organización.

Motivar y medir el progreso con indicadores

Finalmente, en tu viaje hacia la transformación, un aspecto esencial es la habilidad para medir el progreso mediante indicadores de desempeño (KPI). Las organizaciones que han logrado éxito en sus procesos de transformación ponen especial atención en la evaluación de los clientes en relación con sus experiencias contigo.[20] Pero no solo eso, también es crucial tener un conjunto bien definido de métricas para mejorar la salud organizacional y fomentar el cambio de comportamiento en la empresa. Aquellas organizaciones de alto rendimiento establecen objetivos claros y cuantificables en lo que respecta a la salud organizacional, en paralelo con sus resultados financieros. En lugar de confiar en subjetividades, priorizan elementos basados en resultados objetivos.[21]

Cuando el futuro nos alcance

Echemos un vistazo a lo que el futuro podría tener reservado para algunas industrias en los próximos años. Hay tendencias que llegaron para quedarse, otras en plena adopción y un grupo embrionario listo para sorprenderte. Una de las primeras tendencias interesantes es el *metaverso*, que se está desplegando como la próxima ola de disrupción digital, con beneficios tangibles ya emergiendo para los consumidores pioneros y las empresas. Al igual que con los cambios tecnológicos anteriores, después del surgimiento de internet, rápidamente aparecieron las redes sociales, el *e-commerce*, los dispositivos móviles y la nube. Por lo tanto, las estrategias innovadoras pueden convertirse rápidamente en apuestas de negocio. El *metaverso* afectará todo, desde el compromiso de tus colaboradores hasta la experiencia del cliente, las ventas, el *marketing* omnicanal, la innovación de productos y la creación de comunidades.[22] Eso sí, el camino no será fácil. Meta.com, la matriz de las redes sociales Facebook e Instagram, a través de su filial Facebook Reality Labs, ha reportado cuantiosas pérdidas en su búsqueda de un modelo comercial sostenible. Pero eso no significa que debas detenerte. Al contrario, es hora de sumergirse en este nuevo mundo y encontrar oportunidades únicas para ti y tu organización.[23]

Otro tema apasionante es la movilidad. A medida que el uso de vehículos compartidos y autos autónomos se profundice, ¿te preguntas si las personas seguirán comprando autos? ¿Realmente necesitarás el mismo auto los siete días de la semana, uno más grande para el fin de semana o cuando quieras salir de paseo? Tal vez la compra de automóviles se transforme en algo más que solo adquirir un vehículo; imagina un paquete que te permita acceder a un auto diferente para el verano, un convertible para los fines de semana de otoño y un SUV para ir a las montañas en invierno, algo realmente personalizado y adaptado a tus necesidades. Además, en los próximos años, casi todos los autos nuevos tendrán algún nivel de conectividad, enriqueciendo la experiencia de conductores y pasajeros, y abriendo nuevas oportunidades para que las empresas creen valor.

En esta línea, Parece que los EVTOL o vehículos eléctricos de despegue y aterrizaje vertical están a punto de revolucionar el transporte de personas, como si fueran verdaderos drones a escala humana. Se espera que su uso se generalice, especialmente para transporte personal, taxis aéreos, entregas, asistencia médica y aplicaciones militares. Esta tendencia generará oportunidades y disrupciones. ¿Te preguntas qué sucederá con los taxis tradicionales? Sin ir más lejos, unas 250 empresas, incluidas Uber, Mercedes-Benz, Airbus, Boeing, Toyota, Hyundai, Honda, JetBlue, American Airlines y Virgin Atlantic, trabajan para provocar una revolución en el transporte urbano.[24]

Ahora, si levantas la mirada un poco más arriba, notarás que la órbita terrestre comienza a congestionarse. Piensa en los viajes espaciales tripulados, tanto privados como públicos, especialmente en el turismo espacial, las estaciones espaciales y los satélites. Incluso los miles de satélites de Starlink de SpaceX y del proyecto Kuiper Systems de Amazon están destinados a proporcionar internet de alta velocidad en todo el mundo. Y no olvidemos los microsatélites, que están inundando el espacio con miles de objetos.

En cuanto a tu hogar, ¿dónde vivirás? A medida que la sociedad sigue concentrándose en las ciudades, trabajarás y vivirás cada vez más en las alturas. Los espacios ya no se pensarán solo como lugares de cuatro paredes, sino como comunidades y las experiencias que generan. El edificio del futuro no será una oficina de 50 pisos; en cambio, tendrás oficinas en 10 de los pisos, viviendas multifamiliares en otros 15, un hotel en 10 más y áreas de recreación como un club o gimnasio en los 5 restantes. La forma en que trabajas y vives está cambiando, desde cómo te gusta trabajar, cómo te gusta comprar y cómo te gusta vivir. Hoy en día, el enfoque en la mayoría de las oficinas es el trabajo en módulos individuales. Pero si el papel de la oficina se trata de esos momentos de colaboración que no siempre pueden ocurrir de forma remota, entonces quizás, en lugar de un 80% de estaciones de trabajo individuales, deberías tener un 80% de salas de conferencias y estaciones de *coworking*, es decir, verdaderos aeropuertos donde aterrizar, realizar tu trabajo y compartir.

Esto te puede llevar a preguntar: ¿teletrabajo, presencialidad o hibridez? Bueno, el mundo laboral necesitará un poco de todo esto. Lo que está claro es que la flexibilidad y adaptabilidad serán esenciales. Las empresas buscarán personas más autónomas, capaces de movilizar y motivar equipos de trabajo en diversas circunstancias, como a distancia y sin haberse conocido en persona. Las habilidades relacionadas con el manejo y adopción de nuevas tecnologías, habilidades sociales, emocionales y cognitivas serán más relevantes que las manuales, físicas o básicas. Por otro lado, los colaboradores buscarán la conveniencia, que su trabajo les permita armonizar y compatibilizarlo con su vida personal, que la empresa invierta en ellos y que puedan elegir sus propios beneficios de acuerdo con sus prioridades.[25]

Tal como el teletrabajo ha transformado tu vida, y ahora considera cómo esos cambios también están afectando la salud. Te das cuenta de que estás gastando más en productos que mejoran tu bienestar, estado físico, nutrición, apariencia y sueño, en busca de una vida plena y saludable. No solo anhelas la conveniencia de la telemedicina, sino también una atención integral en persona. Aquí es donde entran en escena los *malls* médicos, lugares donde podrás encontrar una solución completa a tus necesidades de salud: estos centros emergen dentro de los mismos centros comerciales, transformándolos en espacios médicos al 100% o en una combinación de áreas arrendadas que ofrecen servicios de atención médica ambulatoria junto con espacios comerciales.[26] También encontrarás gimnasios, consultas médicas y la venta de todo tipo de medicamentos, elementos y dispositivos.

En cuanto a las funciones de operaciones, como adquisiciones, cadena de suministro y fabricación, ¿te has preguntado si serán globales? Cada vez habrá más estrés en las operaciones debido a la geopolítica, la tecnología, el cambio climático y las enfermedades. Las mejoras incrementales ya no serán suficientes para evitar pérdidas potenciales en ingresos. Es hora de repensar por completo tu organización y sus capacidades para ofrecer no solo mejoras a corto plazo, sino también la creación de valor a largo plazo a través de la eficiencia, la resiliencia, la agilidad y la digitalización. En este contexto, considera las prácticas más relevantes en las operaciones, como las pruebas de casos de uso digital en funciones y procesos críticos, la toma de decisiones y optimizaciones basadas en datos, la gestión del riesgo mediante tecnología y un enfoque en la identificación de riesgos a corto y largo plazo con recomendaciones para mitigarlos.

Por otro lado, se espera que los fabricantes de prendas

de vestir comiencen a enfocarse en la sustentabilidad y en modelos de negocios circulares. No hay duda de que la confección de ropa es una de las industrias más contaminantes, especialmente debido a la tendencia del *fast fashion* o modelo de negocio que replica tendencias recientes de pasarela y diseños de alta costura, produciéndolos en masa a bajo costo y rápida disponibilidad. Se estima que esta industria utiliza enormes cantidades de energía y agua, y contribuyendo con el 10% de las emisiones globales de CO_2, sin considerar toda la basura que genera la ropa en desuso. Es más, se esperas que el consumo de ropa aumente en un 63%, ¡llegando a más de 100 millones de toneladas al año en 2030![27] La sustentabilidad y circularidad se reflejarán en modelos relacionados con la reventa, el alquiler y, en cierta medida, la reparación y el reacondicionamiento. Algunas marcas permitirán devolver las prendas en un ciclo circular, sin tener que llevarlas de vuelta a la tienda, sino que las recogerán sin problemas. ¿No crees que la experiencia será tan placentera que habrá una participación masiva de los consumidores?

Finalmente, la comida, ¿será a base de plantas? Todo se reduce a la adopción por parte de ti, el consumidor, eso si, considera el enfoque regional, porque, de nuevo, estamos hablando de comida. Las dietas varían en diferentes partes del mundo; es por ello que podrían haber sorpresas en cuanto a la rapidez o lentitud de la adopción. Mantén tus ojos bien abiertos en las tecnologías que impulsan el desarrollo de proteínas alternativas. Mira el emprendimiento NotCo.com, esa empresa unicornio chilena de tecnología alimentaria que crea alternativas de origen vegetal a los productos alimenticios de origen animal. Ya cuentan con opciones para hamburguesas, leche, crema o mayonesa, entre muchas otras. Apuestan por la inteligencia artificial para elaborar alimentos de origen vegetal que imitan en apariencia, aroma, funcionalidad y sabor a los de origen animal. Esta audaz iniciativa ha llamado la atención de la gigante norteamericana de alimentos tradicionales, Kraft Heinz. Juntas, estas empresas han establecido un *joint venture* para producir productos a escala mundial. Según Kraft, este negocio representa una transformación asombrosa en su cartera de productos, además de sumar a sus capacidades de valor en diseño de marca.[28]

Recomendaciones

Los últimos años hemos visto cómo diversas industrias han cambiado a un ritmo increíble, especialmente después del covid-19, ¡la disrupción digital llegó! Entonces, ¿cómo enfrentamos este fenómeno en nuestras organizaciones? Básicamente, con grandes dos caminos: digitalización y transformación digital. Pero no nos engañemos, la tecnología por sí sola no cambia industrias; necesitamos enfocarnos en estrategia, talento, estructura y liderazgo.

Por otro lado, la magia de la información y los datos es que pueden transformar el éxito de cualquier empresa, permitiéndote conocer mejor a tus clientes, experimentar con nuevos productos y servicios, y optimizar tus procesos. En este mundo donde la transformación digital es clave para sobrevivir, tienes que aprender de las organizaciones que han triunfado en este proceso, especialmente si no nacieron en la era digital y enfrentan desafíos con las personas, procesos y cultura heredados.

¿Te preguntaras, qué tienen en común las empresas que han logrado transformaciones digitales exitosas? Pues, una visión amplia, equipos multifuncionales, experimentación constante, co-creación con clientes, agilidad en decisiones y el uso de indicadores para medir el progreso. Y déjenme decirles, la recompensa es increíble: líderes digitales experimentan un crecimiento casi el doble en ganancias y más del doble en valor empresarial comparado con aquellos que se quedan atrás.

Entonces, ¡manos a la obra! Abracemos este emocionante viaje de transformación digital y asegurémonos de mantenernos al día con los cambios en nuestras industrias. Al final, el éxito no solo dependerá de la tecnología, sino también de nuestra capacidad para adaptarnos, cambiar la propuesta de valor y crecer.

CAPITULO 2
EL FASCINANTE CICLO DE LA
TRANSFORMACIÓN DIGITAL

En este capítulo, explorarás el emocionante ciclo de la transformación digital y cómo se conecta con la creación de productos y servicios geniales. Además, en el corazón de esta transformación, trataremos de descubrir *cuál* es el problema real que nuestros clientes creen tener. Luego, para darle más forma a nuestro proceso de transformación digital, vamos a responder a otras tres preguntas clave: ¿*cuándo* suceden las actividades que estamos examinando?, ¿en *qué* consisten exactamente? y ¿*quién* las lleva a cabo? Después de eso, nos centraremos en *cómo* debería ser nuestro prototipo de solución y *cómo* vamos a ponerlo a prueba, para que podamos diseñar y llevar a cabo experimentos emocionantes y variados. Pero espera, hay más.

A lo largo de todo este proceso, existe una pregunta que no podemos olvidar: ¿*cuánto*? Esta pregunta está estrechamente vinculada a los datos, y también nos guiará en la identificación y priorización de oportunidades para mejorar la experiencia de nuestros clientes, además, que nos ayudará a definir y cuantificar tus procesos, a especificar soluciones y, por supuesto, durante toda la emocionante etapa de experimentación.

Entonces, ¿estás listo para sumergirte en el apasionante mundo de la transformación digital y descubrir cómo podemos crear productos y servicios increíbles para nuestros clientes? ¡Vamos a ello!

La transformación digital y la innovación

La transformación digital y la innovación comparten la misión de hacer las cosas mejor, aunque tienen sus diferencias. Visualiza a la transformación digital como un viaje en el que las empresas adoptan la tecnología para estar a la altura de las expectativas cambiantes de sus clientes. Podría tratarse de expandir el negocio, ser más eficiente, cambiar la forma en que trabajan o mejorar su imagen, quizás incluso todo eso a la vez. La innovación, por otro lado, es el arte de convertir una idea brillante en algo que la gente valore y por lo que esté dispuesta a pagar. La clave está en que sea fácil de replicar a un costo razonable y que resuelva un problema real. Así que sí, ambas buscan satisfacer las necesidades de los clientes, pero la tecnología y el ritmo marcan la diferencia. La transformación digital es como un tren de largo recorrido, mientras que la innovación es un tren bala que llega rápidamente a su destino. Piensa en ello como la diferencia entre un fuego que arde lentamente y una chispa que enciende algo de repente. Entonces, ¿cómo encajan todas estas piezas? Bueno, la transformación digital es como un paraguas que cubre la creación de nuevos productos o servicios, el pensamiento de diseño o *design thinking* y la gestión ágil o *lean management*. Lo que todos estos enfoques tienen en común es la idea de mejorar constantemente, incluso después de lanzar el producto al mercado. Así que, en resumen, se trata de un viaje en el que la innovación y la transformación digital se unen para cambiar el mundo, un paso a la vez.

Ahora, imagínate por un momento que tienes una linterna llamada Stage-Gate. Esta poderosa herramienta te puede ayudar a encontrar las oportunidades más prometedoras, ya que ilumina el camino hacia la toma de decisiones basada en información. La metodología Stage-Gate ofrece una panorámica del proceso de desarrollo de productos, dividiéndolo en cómodas porciones llamadas etapas. Al final de cada etapa, te detienes en una puerta donde decides si avanzar o retroceder.[29] Digamos que estás probando un prototipo y descubres que no resuelve el problema en cuestión, o te topas con una nueva dificultad. Aquí, es donde te puedes volver a etapas anteriores y reconsiderar tus ideas.

Para la gestión de proyectos de nuevos productos o servicios puedes tomar la metodología Stage-Gate con seis etapas y cinco puertas en total.[30] La primera etapa corresponde a la identificación de oportunidades, donde tu misión es encontrar problemas o posibilidades de negocio. Luego viene la investigación preliminar, donde exploras el panorama actual, considerando factores internos y externos, clientes, el mercado y la tecnología en uso. La tercera etapa es la especificación de la solución. Aquí, elaboras un caso de negocios que incluye la descripción del producto y proyecto, su justificación y el plan de acción. Después, en la etapa de desarrollo del concepto, diseñas y elaboras el nuevo producto o servicio, así como el proceso de producción necesario. ¡Ahora tienes un prototipo en tus manos! La penúltima etapa consiste en pruebas y testeos, donde experimentas con tu prototipo ya sea en el laboratorio o en terreno. Verificas y validas tu propuesta, su producción o plan de operaciones. Si todo va bien, especialmente con los experimentos, llegas a la última etapa: el lanzamiento. Aquí, comienzas la producción a gran escala, el *marketing* y las tan preciadas ventas.

PROCESO DE DESARROLLO DE PRODUCTOS

Fuente: Elaboración propia en base a Stage-Gate, Martin Meister

Como puedes ver, las puertas son cruciales, ya que te permiten evaluar si es hora de avanzar o no. Vale la pena mencionar que las pruebas del prototipo pueden llevarte a nuevas oportunidades y no necesariamente al lanzamiento final. Si ves este proceso como un flujo constante, comenzarás descubriendo una oportunidad o problema, luego idearás soluciones, prototiparás, probarás el concepto y, finalmente, lanzarás la solución al mercado... o regresarás a etapas anteriores si es necesario.

El continuo flujo de transformaciones

En el apasionante mundo de los negocios, dos gigantes como Apple.com y General Electric (GE.com) demuestran cómo la innovación y la transformación digital pueden cumplir con las expectativas de los clientes, aprovechar oportunidades en el mercado y dar un giro completo a industrias enteras.

Echemos un vistazo a Apple. Esta empresa ha sido un verdadero agente de cambio en varias industrias: reinventó los ordenadores personales con su intuitiva interfaz gráfica y el *mouse*, revolucionó la música con el iPod y su capacidad para guardar miles de canciones, junto con iTunes, y transformó la fotografía al combinarla mágicamente con un dispositivo para compartir imágenes digitalmente: el iPhone. Al principio, Steve Jobs soñaba con un dispositivo sin teclado, móvil, con conexión a internet y una pantalla táctil que permitiera desplazarse fácilmente; su objetivo era mejorar la experiencia de los usuarios de PC mediante la creación de un *tablet*. Sin embargo, este constante proceso de imaginar, diseñar prototipos y probar les llevó a desarrollar el iPhone en lugar del iPad. ¿Por qué? Pues porque resultó ser una solución aún mejor para los usuarios, ya que incluía telefonía, cámara y mayor movilidad en un dispositivo mucho más compacto.

Por otro lado, los molinos de viento también representan un fascinante ejemplo de transformación digital. Estamos en 1887 cuando el ingeniero Charles Brush crea la primera turbina eólica para generar electricidad, alimentando una primitiva batería en su sótano. Sin embargo, no fue hasta la década de los 80, debido a la crisis del petróleo y los movimientos antinucleares, que resurgió la oportunidad de impulsar la energía eólica. Al principio, se pensó en torres de menos de 100 metros de altura, con aspas de 40 metros de diámetro. Al probarlas, se dieron cuenta de que necesitaban agrupar la mayor cantidad posible en lugares con mucho viento constante. Así nacieron los parques eólicos, con torres de casi 300 metros de altura y aspas de más de 200 metros de diámetro, ¡vaya cambio! Este avance abrió la puerta a una nueva oportunidad: optimizar la generación de energía mediante la transformación digital. Fue entonces cuando la empresa GE creó los parques eólicos digitales. Gracias al internet de las cosas y a sensores ubicados en diferentes partes de cada torre, pudieron capturar y procesar toda la información sobre el rendimiento de cada una de ellas y cómo interactúan con el viento y el entorno, creando una huella digital única para cada situación. Con estos datos, pudieron generar especificaciones únicas de construcción con múltiples opciones, dando lugar al concepto de granjas inteligentes para mejorar la eficiencia energética con la misma inversión.[31]

Siguiendo este ciclo, las próximas iteraciones podrían ofrecer oportunidades en el manejo de estas granjas digitales. Al estar todas conectadas, el mismo sistema podría sugerir mejoras en el funcionamiento, como orientarse hacia el viento, controlar el ruido o realizar mantenimiento preventivo, entre otras cosas. Es decir, aplicar análisis en tiempo real para optimizar el rendimiento de estas maravillas modernas.

Qué debes contestarte en cada etapa

Entonces, ¿qué es lo que conecta todas las etapas de la creación de productos y servicios y la transformación digital? ¡Exacto, los datos! Las decisiones en cada etapa deben basarse en ellos para que puedas tomar decisiones bien fundamentadas, algo que sucede en cada puerta del proceso. Como has visto, el ciclo de transformación comienza con la identificación de oportunidades, lo que te llevará a desarrollar un concepto y un prototipo, que luego probarás en el mundo real. Aquí es donde obtienes los datos que te permiten verificar cuantitativamente si la solución es válida, lo que te dirá si debes lanzarla al mercado o si necesitas comenzar el ciclo de nuevo.

Hay destacar que dentro del este virtuoso ciclo tenemos otra actividad muy importante que debes llevar a cabo, que es la priorización de las posibles soluciones a los problemas detectados, o mejor dicho, priorización de tus oportunidades de transformación digital. Esta acción la debes siempre tener en mente sobre todo cuando estés pasando a través de las puertas, ya que este cedazo te puede permitir avanzar o volver a la mesa de trabajo. Dedicaremos un capítulo completo a consejos de priorización.

QUÉ DEBES CONTESTARTE EN CADA ETAPA

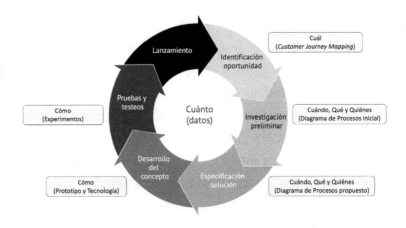

Fuente: Elaboración propia en base a Stage-Gate, Martin Meister

Partamos por el *cuál*

En la aventura de la transformación digital, es fundamental preguntarnos *cuál* es el problema que creen los clientes que existe. Un primer enfoque para resolver estas incógnitas es desde una perspectiva cualitativa, como convertirnos en detectives sociales usando ya sea métodos etnográficos, organizando grupos focales o entrevistando a nuestros clientes. Herramientas como el *customer journey mapping* y los diagramas de alineamiento, te ayudarán a descubrir dónde se crea valor entre las experiencias de los clientes y lo que ofrece la organización. Al sumergirte en el mundo de las interacciones entre clientes y organizaciones, estás abrazando ese enfoque de diseño centrado en el valor.

Estos diagramas son básicamente cualquier mapa, boceto

o visualización que muestre esos dos lados donde se cocina el valor y las interacciones que los unen. Así que, por un lado, tienes a los clientes y, por otro, a la organización. Del lado de los clientes, encuentras sus experiencias, emociones, acciones y comportamientos, mientras que en el otro extremo están las propuestas y procesos de la organización. Y en medio, justo en esos puntos de interacción, es donde ocurre esa mágica danza del intercambio de valor.

Estos viajes son como una secuencia de encuentros directos e indirectos de un cliente con un producto, servicio o marca, y cada uno de ellos puede ser una experiencia buenísima, malísima o simplemente olvidable. El valor de la experiencia del cliente en cada punto de contacto juega un papel importante en la calidad percibida de la relación, lo que a su vez afecta el compromiso. Y ojo, que esos puntos de contacto pueden darse tanto en línea como en el mundo real.

Ahora, también hay otro lado de la moneda. Con la avalancha de datos que se generan a gran velocidad y tus capacidades para procesarlos, las empresas tienen una increíble oportunidad cuantitativa para descubrir qué necesitan los clientes. De hecho, según investigaciones de la consultora McKinsey,[32] las organizaciones que aprovechan el conocimiento del comportamiento de los clientes tienen un 85% más de ventas y un 25% más en margen bruto que sus competidores. Sin embargo, parece que no todas las empresas están exprimiendo esta oportunidad al máximo; solo están usando una fracción de los datos disponibles y, aparentemente, no siempre de la manera más efectiva.

Claramente, debes utilizar ambos enfoques, tanto el cualitativo como el cuantitativo, es decir, levantar las necesidades desde la percepción hasta la comprobación.

Entendiendo el *cuándo*, el *qué* y el *quiénes*

Dentro de la etapa de la investigación de las potenciales soluciones para nuestra transformación digital, hay tres preguntas clave que tienes que responder para seguir moldeando el proceso de cambio. Primero es el *cuándo*, que se refiere a la secuencia en que se llevan a cabo las diversas actividades; después dilucidar de *qué* se trata cada una de ellas; para finalmente determinar *quiénes* las realizan. Una herramienta genial para explorar estas tres preguntas son los diagramas de flujo de procesos, mapa visual perfecto para ver con claridad la organización de tu negocio. Con símbolos como rectángulos, rombos, círculos y flechas, puedes apreciar las relaciones secuenciales de un vistazo. Un diagrama de flujo de procesos facilita el estudio y la observación del proceso propiamente tal, lo que te permitirá optimizarlo al identificar áreas de mejora, detectar bucles repetitivos o eliminar ineficiencias que obstaculicen los resultados deseados.[33] Es exactamente en este punto donde debemos repasar las mismas tres preguntas, pero ahora desde la perspectiva de las soluciones propuestas. Es decir, cuándo deberían realizarse las nuevas actividades, qué actividades se dejan de hacer y en qué consisten las nuevas, y quiénes entran o salen como actores del nuevo proceso.

FLUJO DE PROCESOS PARA CONTESTAR
CUÁNDO–QUÉ–QUIÉNES

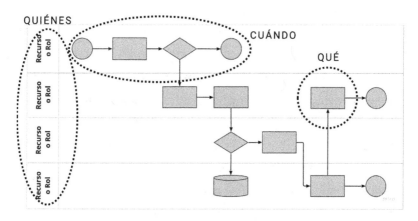

Fuente: Elaboración propia, Martin Meister

Este enfoque que aclara el *cuándo* se lleva a cabo una actividad, *qué* acciones se realizan y *quiénes* las llevan a cabo, nos ofrece la oportunidad de transformar cómo hacemos las cosas. Podemos cambiar o mejorar partes del proceso para adaptarnos mejor a las necesidades y circunstancias. Por supuesto, primero necesitamos describir el proceso actual antes de implementar mejoras basadas en las necesidades identificadas y los datos disponibles.

Continuando con el *cómo*

Prácticamente hemos llegamos al cierre de la primera etapa en nuestra aventura de transformación digital. Aquí nos preguntamos *cómo* debería lucir nuestro prototipo tecnológico y *cómo* lo pondremos a prueba con distintos experimentos. Los prototipos pueden variar desde simples simulaciones hasta versiones más avanzadas, inclusive productos o servicios listos para usarse. El tipo de prototipo que elijamos nos guiará en los experimentos que realizaremos para probarlos. En general, hay dos tipos de experimentos: convergentes y divergentes. Los convergentes son geniales cuando innovamos en productos, servicios o procesos existentes, buscando optimizar y mejorar continuamente, o comparando nuevas versiones. Los famosos A/B *testing* son un ejemplo de experimentos convergentes, que básicamente nos permiten comparar dos versiones de algo para descubrir cuál funciona mejor. Por otro lado, tenemos los experimentos divergentes. Este enfoque es especialmente útil para innovaciones menos definidas al principio, como nuevos productos, servicios, procesos organizativos o de negocios. Por lo general, los proyectos que usan experimentos divergentes suelen tener muchas iteraciones y pueden durar meses.

El *cuánto*, presente en todo la transformación

A menudo, los datos nos llevan a un constante ciclo de descubrimientos y mejoras, ayudándonos a responder la pregunta del *cuánto* en cada etapa de la transformación digital. Por ejemplo, los datos pueden ayudarnos a identificar y priorizar oportunidades, mejorar la experiencia del cliente, definir y cuantificar el flujo de procesos o especificar soluciones durante la etapa de experimentación.

Supongamos que estás en una tienda o supermercado. Sin lugar a dudas que uno de los mayores dolores de cabeza que podrías tener es el momento de pagar. En ese contexto, el cuánto se refiere al tiempo que tardarías en esperar y ser atendido por el cajero, lo cual nos brinda una gran oportunidad de mejora. Una solución podría ser que escanees y pagues directamente los productos. Pero, ¿cuál podría ser el inconveniente de esta solución? Bueno, estaríamos pasándote la responsabilidad y tedio de ser tú el cajero, ¡vaya paradoja! Amazon ha encontrado una forma creativa de abordar este problema con su innovadora solución de tomar y llevar en sus tiendas Amazon Go y Amazon Fresh.[34] Los clientes simplemente toman los productos que desean y se van, sin pasar por el proceso de pago, ya que todo se realiza automáticamente a través de su *app*. Esta solución integral responde de manera más efectiva a la necesidad detectada, ahorrando tiempo a todos.

Recomendaciones

Como has visto, la transformación digital es ese viaje loco en el que las empresas se montan en la ola tecnológica para cumplir con las expectativas cambiantes de sus clientes. Mientras tanto, la innovación es el arte de convertir ideas brillantes en algo que la gente ame y esté dispuesta a pagar. Ambas buscan satisfacer necesidades, pero se diferencian por la tecnología y el ritmo. La transformación digital se enfoca en adaptarse a un mundo en constante cambio, mientras que la innovación busca crear soluciones novedosas y valiosas.

Ahora, para avanzar en este camino, tienes una herramienta mágica llamada Stage-Gate en el medio de todo esto. Es un faro que te guiará hacia la toma de decisiones basada en información, dividiendo el proceso de desarrollo de productos en etapas cómodas y manejables. Al final de cada etapa, te enfrentarás a una puerta donde podrás decidir si avanzar o retroceder. Y si te topas con obstáculos o dificultades, siempre puedes regresar a etapas anteriores y reconsiderar tus ideas.

No olvides que en cada etapa debes responderte las preguntas clave para moldear el proceso de cambio. Primero, identificar cuáles son los problemas que los clientes creen tener, luego investigar soluciones potenciales, analizar cuándo se realizan las actividades, a qué corresponden y quiénes las llevan a cabo. Durante todo este proceso, debemos estar atentos a las áreas de mejora, detectar bucles repetitivos o eliminar ineficiencias que obstaculicen los resultados deseados. Es exactamente en este punto donde debes repasar las mismas tres preguntas, pero ahora desde la perspectiva de las soluciones propuestas. Es decir, cuándo deberían realizarse las nuevas actividades, qué actividades se dejan de hacer y en qué consisten las nuevas, y quiénes son los que entran o salen como actores del nuevo proceso.

Todo esto nos lleva al diseño de prototipos y experimentos, donde los datos nos permiten aprender y mejorar constantemente, contestándote el cómo. Los prototipos pueden variar desde simples simulaciones hasta versiones más avanzadas, incluso productos o servicios listos para usarse, y los experimentos pueden ser convergentes o divergentes.

Finalmente, y no menos importante, tienes a los datos, los héroes en esta aventura. Conectan todas las etapas de la creación de productos y servicios y la transformación digital, y nos ayudan a tomar decisiones fundamentadas en cada paso del camino, es decir, el cuánto.

Como pudiste ver, el ciclo de transformación comienza con la identificación de oportunidades, que te lleva a desarrollar un concepto y un prototipo, para luego probarlos en el mundo real. Los datos que obtienes en cada etapa te permitirán verificar si las soluciones que encontraste son válidas y si debes lanzarlas al mercado o comenzar el ciclo de nuevo. Para cada una de estas preguntas, encontrarás las respuestas adecuadas a lo largo de los siguientes capítulos, así que ponte cómodo y disfruta del viaje.

CAPÍTULO 3
EL *CUÁL*: ALINEARSE CON LAS NECESIDADES DE LOS CLIENTES

Para contestarte *cuál* es el problema que piensan que tienen los clientes, bueno, ¡generalmente lo tienen!, debes pensar en ti como un detector de oportunidades de transformación digital, siempre sintonizado con sus necesidades. Los clientes siempre están en una búsqueda constante de nuevas ofertas digitales que enriquezcan sus vidas, anhelando acceso, contenido e interacciones rápidas, fáciles y flexibles. Quieren sumergirse en ofertas digitales sensoriales, interactivas y relevantes para sus necesidades; personalizar sus experiencias y elegir entre una amplia variedad de información, productos y servicios. Además, buscan conectarse con otros para compartir experiencias, ideas y opiniones, y en última instancia, colaborar y ayudar a otros, incluso a ti.[35] Por eso, las organizaciones deben mejorar la forma en que se enfrentan al mercado y se alinean para generar valor. ¿Qué implica esto? Simplemente hacer converger las expectativas de tus clientes con tus ofertas, creando valor en ese punto de encuentro. Aquí es donde los diagramas de alineamiento cobran protagonismo, ayudándote a identificar cuál es el problema que los clientes creen tener con tu organización, y lo más importante, las potenciales soluciones a estos problemas.

Buscando la convergencia para generar valor

¿Cuántas veces te has sentido decepcionado o contrariado por la atención que te brindan las empresas, por el tiempo malgastado o por lidiar con respuestas inconsistentes y ser transferido de un departamento a otro? Esto ocurre en empresas de todos los ámbitos, como telecomunicaciones, *retailers*, bancos o servicios básicos. Podemos llamarlo el *efecto ping-pong*.

Permíteme compartir una experiencia personal para ilustrar esto. Hace algún tiempo me cambié de casa y, naturalmente, tuve que renunciar a los servicios contratados, en especial los de telecomunicaciones, donde contaba con servicios de tres compañías diferentes. A dos de las tres tuve que ir en persona para renunciar y entregar los equipos. La tercera me permitía informar mi decisión por teléfono. ¿Qué pasó en todos los casos? No registraron mi renuncia o necesitaban que la ratificara telefónicamente. Me bombardearon con correos electrónicos, llamadas y mensajes de texto solicitando pagos atrasados, entrega de equipos o que traspasara los servicios a un tercero de mi confianza. Con la compañía a la que había renunciado por teléfono, decidí ir a sus oficinas, pero resulta que las habían cerrado, aunque curiosamente la dirección seguía vigente en la web. Llamé por teléfono, me solicitaron mi DNI, ¡pero como había renunciado, una grabación me decía que no era cliente y me cortaba! Me vi atrapado en un ciclo de pasar por al menos cuatro de sus áreas. Incluso en otra de las compañías interactué con lo que parecía un bot... Me mandó a resolver mi problema en sus oficinas. Y adivina: estaban cerradas ese día por ser fin de semana.

Aunque esta experiencia pueda parecer anecdótica, el problema real va más allá de proporcionar información incorrecta; incluso si la información hubiera sido correcta, la dificultad radica en que las empresas no logran gestionar las demandas a través de sus diferentes áreas, ya sean internas o externas. No es que las empresas deseen deliberadamente crear experiencias negativas para sus clientes, sino que la raíz del problema es un desalineamiento: las organizaciones no están en sintonía con las necesidades de las personas a las que sirven. Muchas veces, piensan que enfocándose en soluciones tecnológicas lo solucionarán todo, cuando en realidad lo importante es centrarse en la experiencia del usuario, rediseñar los procesos y, finalmente, aplicar tecnología. ¡Eso es de lo que trata la transformación digital!

Las organizaciones alineadas poseen modelos mentales enfocados en objetivos específicos y en cómo alcanzarlos, obsesionadas con brindar experiencias asombrosas a sus clientes. Tal como mencionaba Nadia Shouraboura, ex vicepresidenta de Amazon, hace unos años: "Amazon tiene una cultura de observación casi obsesiva, está vigilando al cliente todo el tiempo... Quieren crear una experiencia fenomenal para el cliente, que haga que todas las demás experiencias parezcan patéticas en comparación".[36]

Lograr el deseado alineamiento

Cada vez es más común que las personas eligen productos y servicios basándose en sus experiencias. Para estar a la altura de las expectativas del mercado, es esencial que te alinees con esas deseadas experiencias de principio a fin. Lograr este alineamiento implica que, en primer lugar, debes observar tu oferta desde fuera hacia dentro, en lugar de desde dentro hacia fuera.[37] Muchas empresas simplemente no entienden lo que sus clientes atraviesan en los diferentes puntos de contacto. Necesitas un cambio en la perspectiva y tener claras las experiencias que creas. Esto no se limita al personal de primera línea; todos deben empatizar con las personas a las que sirven, tanto en el *front-end* como en el *back-end*. Además, debes organizar las funciones internas entre equipos y niveles. Los silos organizacionales a menudo impiden el trabajo coordinado y colaborativo. Las empresas alineadas trabajan cruzando las fronteras funcionales, enfocándose implacablemente en asegurar que sus miembros ofrezcan experiencias excepcionales. Pero cuidado, esto no significa convertir a las personas en héroes, ya que eso no garantiza resultados consistentes y a largo plazo. Significa que tanto los procesos y sistemas como las personas deben estar enfocados en torno al cliente.

Por último, debes crear visualizaciones como referencias compartidas. Uno de los desafíos del alineamiento es la dificultad para ver la interdependencia de todas las áreas. Cada una podría estar funcionando perfectamente, pero desde la perspectiva del usuario, su experiencia a menudo puede resultar en un mosaico de interacciones no siempre fluidas, que en muchos casos parecen navegar solas. Las visualizaciones son cruciales para romper ese círculo vicioso del pensamiento en silos. Visualiza diagramas que te muestren las experiencias de tus clientes; estos son modelos tangibles para identificar oportunidades de mejora y el punto de partida para llevar a cabo los cambios internos que tu organización necesita para enfrentar los desafíos de manera más efectiva. Aquí radica uno de los aspectos clave en los que, finalmente, puedes mejorar la experiencia del cliente a través de la transformación digital.

Los diagramas de alineamiento

¿No es cierto, que por lo general, siempre esperamos obtener algún beneficio al utilizar un producto o servicio? Deseas que realice un trabajo, conocido como el famoso *Jobs to be done*, concepto acuñado por el académico de Harvard, Clayton Christensen[38] hace algún tiempo atrás. Esto significa que cuando compras un producto o solicitas un servicio, esencialmente lo *contratas* para que te ayude a realizar un trabajo. Si lo hace bien, la próxima vez que enfrentes el mismo trabajo, tenderás a contratar ese producto nuevamente. Y si no cumple con tus expectativas, lo *despedirás* y buscarás una alternativa. Así de simple. En otras palabras, si percibes que la acción genera un beneficio valioso, estarás dispuesto a dar algo a cambio, ya sea dinero, tiempo o atención.

Esto te puede llevar a pensar que, para sobrevivir en estos tiempos cambiantes y, a menudo, turbulentos, las empresas no solo deben proporcionar las mejores experiencias a sus clientes, sino también entregar valor en su oferta, maximizando su alcance o mejorando su imagen, con el desafío de obtener rentabilidad en el proceso. Siempre debes tener en mente que la creación de valor debe ser bidireccional. Ahora bien, podrías preguntarte: ¿cómo encuentro la fuente de valor en esta relación? Es simple: surge de la intersección de las interacciones humanas con el proveedor de servicios, en este caso, tu empresa. Aquí es donde las experiencias de los clientes se cruzan con los ofrecimientos de una organización.

Al enfocarte en las interacciones entre los clientes y las organizaciones, estás adoptando lo que Jess McMullin[39] llama diseño centrado en el valor, dando origen a los diferentes tipos de los llamados diagramas de alineamiento. Estos diagramas se refieren a cualquier mapa, bosquejo o visualización que muestre los dos lados donde se crea valor y las correspondientes interacciones. En este caso, tienes a los clientes por un lado y a la organización por otro. Del lado de los clientes, se encuentran sus experiencias, sentimientos, acciones o comportamientos, mientras que en el otro lado están la oferta y los procesos de la organización. Los puntos de interacción entre ambos lados son donde se produce el deseado intercambio de valor.

Al explorar los diagramas de alineamiento más utilizados, te encontrarás con los *customer journey maps* o mapas del viaje del cliente, que ilustran principalmente las experiencias de un individuo como cliente, también conocido como *customer personas* o simplemente *personas*. Estos viajes son una secuencia de contactos directos e indirectos de un cliente con un producto, servicio o marca, cada uno de los cuales representa una experiencia positiva, negativa o neutra. El valor de la experiencia del cliente en cada punto de contacto influye en la calidad percibida de la relación, lo que a su vez afecta el compromiso. Los puntos de contacto pueden ocurrir en canales tanto en línea como fuera de línea.

Un mapa de viaje del cliente se estructura como una secuencia de fases. La experiencia del cliente, por ejemplo, en cada uno de los períodos de pre-servicio, servicio y post-servicio estará influenciada por experiencias pasadas y por uno o más puntos de contacto durante cada fase, lo que influirá en la experiencia futura.[40] Estos mapas no son estadísticos, ni pretenden describir exactamente cada estado por el que pasa un potencial cliente antes, durante y después de una compra, ya que muchas veces este proceso es cíclico. Lo que buscan estos mapas es ilustrar qué ocurre en cada etapa y cómo reacciona la organización.

En el lado de los clientes, típicamente se incluyen sus acciones, sentimientos, pensamientos, puntos de sufrimiento, necesidades o resultados deseados. En el lado de las interacciones, encontrarás los diferentes puntos de contacto, ya sean físicos o digitales. Finalmente, en el lado de la organización, se muestran las actividades y los roles de cada área involucrada en generar la experiencia.

El proceso de mapear las experiencias

En el momento en que te adentras en el proceso de mapear experiencias, comienza por enfocarte en los detalles de la iniciativa en sí. Brevemente, identifica los objetivos, la estrategia y la cultura de tu organización, determina la experiencia a mapear y centra tu atención en la creación del perfil del *lean personas* que vive la experiencia. A continuación, descubre qué hacen tus clientes, lo que necesitan y desean, y comprende las acciones que los miembros de tu organización llevan a cabo en los puntos de contacto y en los procesos. En esencia, debes sumergirte en las distintas experiencias. El paso siguiente es la representación visual de todo el proceso de creación de valor entre tus clientes y tu organización. Aquí es donde trazas el diagrama de alineamiento como tal, luego de recopilar y depurar el contenido obtenido durante la etapa de investigación. El diagrama debe incluir las diferentes etapas por las que pasa el cliente, la descripción de su experiencia, los puntos de contacto y los aspectos clave de la organización que se involucran en cada etapa. Por último, llegas a la etapa de alineación, donde das vida a las soluciones. En la primera parte de la alineación, te concentras en las etapas más relevantes del mapa de experiencias del cliente, identificando posibles insatisfacciones. En la segunda parte de la alineación, propones soluciones directas a los problemas detectados, explicitando las mejoras en las experiencias de los clientes, en los puntos de contacto y en las áreas o procesos involucrados, y dejando en claro las ideas de mejora.

Creando el *lean personas*

Al embarcarnos en el perfilamiento de clientes, podrías sentir que es un proceso abrumador. Pero no te preocupes, cuando estás en las etapas iniciales del mapeo de experiencias, es mejor dar el primer paso creando un *lean personas*. Este perfil no proviene de una investigación exhaustiva, sino de una sesión de lluvia de ideas donde describes, cualitativamente, las impresiones y creencias sobre las características de las personas que utilizan tus productos y servicios. En pocas palabras, es un boceto de tu audiencia objetivo basado en lo que sabes hasta ahora.[41] Piensa el *lean personas* como una matriz. En la esquina superior izquierda, coloca el nombre y un bosquejo del personaje, eligiendo un nombre memorable y dando una idea de cómo se vería. Luego, en la parte superior derecha, presenta los comportamientos y creencias, resaltando brevemente las acciones clave que tu personaje lleva a cabo en el proceso de experiencia en el que te enfocas. Avanza hacia la parte inferior izquierda para integrar detalles demográficos relevantes relacionados con el personaje analizado. Por último, en la esquina inferior derecha, dibuja sus necesidades y puntos de dolor, es decir, lo que requieren y los obstáculos que podrían enfrentar al interactuar con tu organización.

Puedes ver un ejemplo de esta matriz con Jane, con sus características particulares, comportamientos y detalles bien definidos, además de sus propias necesidades y sufrimientos.

Nombre y Bosquejo	Comportamientos y creencias
JANE — tussled hair, smart phone, skinny jeans	• Ávida bloguera • No le gustan las noticias centrales • Usuaria de Twitter • Le encanta comer postres • Extrovertida online
Detalles demográficos	**Necesidades y sufrimientos**
• 20 a 30 años • Mujer • Graduada universitaria • Especialidad en economía • Trabajos de cuello y corbata, pero no de jefatura	• Necesita reconocimiento • Quiere ser escuchada • Le gusta interactuar con las personas • Ama encontrar cosas interesantes y divertirse con gente "genial"

Fuente: https://www.youtube.com/watch?v=d181wRXETxs&ab-channel=simonechosse

Piensa en Jane, esa cliente ideal que tienes en mente. Aquí es donde entra en juego el lean personas, un esquema que te permite visualizar y conectar con las características de tus clientes mientras creas su mapa de experiencias. Así que, en lugar de generalizar diciendo "a las personas les gusta...", puedes ser más específico y mencionar "a Jane le gusta...". De esta manera, te acercas a su experiencia y sus necesidades de forma más personal.

No obstante, es crucial que al esbozar a Jane, te centres en las características que están en sintonía con el alineamiento que buscas. Evita perderte en descripciones que quizás no resulten útiles para tu estudio en particular.

Ponte a estudiar las experiencias

A menudo, te enfrentas a organizaciones que poseen datos y estadísticas sobre sus clientes, pero no logran utilizar esa información para poner a los clientes en el centro de la experiencia. De hecho, no entienden sus necesidades y motivaciones genuinas. Aquí hay dos aspectos clave en los que debes enfocarte: lo que hacen tus clientes y lo que hacen los miembros de tu equipo. Frecuentemente, los clientes encuentran soluciones a su manera o utilizan los productos de formas sorprendentes. Desean que los productos y servicios cumplan una función determinada. Por otro lado, las organizaciones no siempre son completamente eficientes. Al explorar las actividades relacionadas con la experiencia del cliente, puedes ver cómo actúan los miembros de tu equipo y qué herramientas o cambios en los procesos podrían mejorar esa experiencia. No caigas en la trampa de creer que, porque las cosas siempre se han hecho de cierta manera, signifique que se están haciendo correctamente o de manera eficiente. Recuerda que las organizaciones que dependen de los héroes internos para mantener satisfechos a sus clientes, a largo plazo no tienen muchas esperanzas de sobrevivir a la ola digital. ¡La ola los arrastrará!

El *customer journey map*

Ahora es el momento de unir todos esos valiosos hallazgos sobre el comportamiento de tus clientes en una narrativa coherente y completa. Teje un relato detallado que incluya cada etapa que experimentan, describe sus vivencias, muestra los puntos de contacto y, por último, los aspectos de la organización. Una herramienta fantástica para elaborar diagramas es Uxpressia.com, que incluso te permite probarla sin costo inicial.

Mientras abordas el mapa, debes pulir cada etapa por la que atraviesa el cliente dentro de la experiencia que estás examinando. Todas estas etapas deben vincularse cronológicamente y ser fruto de tu investigación; en general, representa lo que crees que hacen los clientes. Claro, no siempre seguirán este orden preestablecido, pero eso no es lo crucial. Lo que realmente buscas es indagar qué sucede específicamente en cada etapa y cómo se comporta la organización para generar valor en esa experiencia. Por ejemplo, en un proceso típico de compra, podrías encontrar etapas como toma de conciencia, investigación, compra, postventa y fidelización. Para entender cómo funciona un mapa de experiencias y captar las ideas clave, se recomienda enfocarse en entre cuatro y un máximo de ocho etapas.

Una vez que hayas definido las etapas, el siguiente paso es identificar las actividades clave de los clientes. Es crucial decidir qué aspectos son los más relevantes para incluir en tu análisis. Los elementos clave pueden abarcar acciones y actividades que realizan, sus pensamientos, creencias y sentimientos sobre la experiencia, los dolores experimentados, una lista de preguntas clave e incluso los resultados esperados o porcentajes de satisfacción. Lo fundamental es tener en cuenta los puntos relevantes para tu diagrama. Por ejemplo, si buscas una perspectiva más sistémica, es posible que sea menos relevante lo que sienta el cliente y, en cambio, te convenga centrarte en las acciones que elige, las actividades que lleva a cabo o lo que espera de la interacción con la empresa. Al enfocarte en estos aspectos, podrás profundizar en cómo tu organización puede adaptarse y evolucionar para satisfacer mejor las necesidades y expectativas de tus clientes.

A continuación, es hora de sumergirse en la interacción entre tus clientes y el servicio que ofreces en cada etapa, esos momentos críticos que llamamos puntos de contacto. Piensa en el contexto en el que ocurren, ya que tienen lugar bajo condiciones específicas. Asegúrate de que la información presentada en la descripción de la experiencia del cliente te proporcione suficiente contexto para descubrir los puntos de contacto clave. Algunos de los puntos de contacto habituales incluyen el sitio web, los centros de llamadas, el equipo de ventas, las oficinas de atención al cliente, el servicio al cliente, los canales digitales propios y de terceros, y el material impreso, solo por nombrar algunos.

En la parte final de tu diagrama, es momento de abordar las actividades, roles o departamentos de tu organización que responden a cada una de las interacciones de los clientes en los distintos puntos de contacto. Aquí, te encontrarás con el *front-end* y *back-end* de tu organización, es decir, los que dan la cara a los clientes y los que procesan sus pedidos. Además, también te vas a encontrar con procesos en general, cultura, políticas, normas y recursos, entre otros.

Primera parte del alineamiento

Una vez que tengas tu mapa en mano, es momento de pasar a la primera parte del alineamiento, donde te enfocarás en las etapas más relevantes por las que viajan tus clientes. Comienza identificando los llamados momentos de verdad, esos puntos críticos donde tu servicio está en juego y los aspectos más importantes se ponen a prueba. A continuación, evalúa las diferentes experiencias de los clientes, ya sean positivas, neutras o negativas. Si la evaluación es negativa, busca una explicación plausible al problema detectado. Procede de manera similar con los puntos de contacto, evaluándolos y explicando los posibles motivos si el desempeño es negativo. La idea general es concentrarte solo en aquellas etapas donde necesitas hacer mejoras.

Recuerda, los momentos de verdad son puntos clave en la experiencia del cliente. Ahora, es necesario determinar si existen oportunidades dentro de cada etapa. Empieza por entender tus debilidades y busca puntos de fallo. Pregúntate cómo puedes apoyar mejor a los clientes y en qué momentos las necesidades se satisfacen de peor manera. También es útil buscar brechas donde no se ofrece el soporte adecuado y momentos de verdad que podrían ser pasados por alto. Las redundancias también pueden ser útiles. Identifica áreas o circunstancias donde los esfuerzos se duplican, ya que esto podría permitirte redirigir esfuerzos o hacer más eficiente la operación. Por último, observa lo que hacen otros proveedores de servicios similares en cada una de las etapas detectadas. ¿Dónde tienes un desempeño por debajo de la competencia? ¿Dónde entregan una mayor satisfacción? Esta información te ayudará a ajustar tu enfoque y a mejorar la experiencia del cliente en cada etapa del proceso.

Segunda parte del alineamiento

Ahora estás en la segunda parte del alineamiento, donde es hora de que hagas explícitas las posibles soluciones a los problemas que has identificado. Tu objetivo aquí es pasar de comprender las experiencias a imaginar soluciones que puedan innovar y transformar. Para lograrlo, el primer paso que debes tomar es eliminar las barreras, es decir, analizar lo que está frenando a las personas en sus experiencias. Identifica los obstáculos que impiden que el trabajo se realice de manera adecuada en cada etapa. Al examinar cada etapa del diagrama, considera cómo puedes eliminar las barreras iniciales que las personas enfrentan al intentar obtener el valor que buscan. A medida que avanzas por las etapas que deseas mejorar, pregúntate cómo puedes superar esos obstáculos. Este enfoque te permitirá centrarte en los puntos de transformación de mayor impacto.

También puedes dar paso audaz y desafiar los supuestos de tu industria. A veces, es precisamente cuando te atreves a cambiar las reglas que se producen los avances más sorprendentes. Para lograr un pensamiento realmente disruptivo, primero debes identificar los supuestos subyacentes que definen el statu quo en tu campo. Luego, imagina formas de romper estas reglas no escritas y transformar el panorama. Piensa al revés: ¿qué se puede cambiar de arriba hacia abajo o hacer lo contrario? Pregúntate qué puedes eliminar por completo y observa qué ocurre cuando eliminas deliberadamente algún elemento, proceso o etapa. Atrévete a cuestionar las suposiciones sobre cantidad y alcance: ¿qué es escaso pero podría volverse abundante, o viceversa? ¿Qué es costoso pero podría ofrecerse más barato?

Finalmente, debes tener aspiraciones transformacionales. Los productos y servicios que solo conectan, deleitan y brindan experiencias positivas no alcanzan. Lo que necesitas es una forma innovadora de imaginar cómo tus clientes podrían comportarse. No solo debes ofrecerles algo diferente, sino ayudarlos a convertirse en algo diferente. Michael Schrage[42] te guía a través de un ejercicio simple con las siguientes preguntas: ¿en qué te han pedido que te conviertas? ¿cómo han cambiado quién eres? Al ver a través del lente de estas preguntas, te das cuenta de que Google no es solo un sofisticado algoritmo de búsqueda en la web, sino que también permite que cada persona se transforme en un experto buscador. Lo mismo ocurre con las populares plataformas de intercambio como mercadolibre.com, que ha dado lugar al nacimiento de toda una industria de compra y venta de todo tipo de artículos, generando un sin número de emprendedores en el proceso.

Lo relevante de la segunda parte del alineamiento es que en aquellas etapas donde la experiencia o el punto de contacto son mal evaluados, te preguntes qué está saliendo mal. Es a partir de esa pregunta que se desencadenan los posibles cambios en los procesos y maneras de interactuar con los clientes. Pero eso no es todo. Una vez que has identificado las potenciales soluciones a los problemas de alineación, es momento de explicitarlos. ¿Cómo? Por cada etapa crítica debes proponer cambios en las experiencias del cliente, en los puntos de contacto y, lo más importante, en las ideas de mejora de las áreas, departamentos o procesos involucrados. Es en este punto donde entra en juego el gran poder de los avances digitales, ¡para realizar nuestra transformación digital!

Recomendaciones

Como has visto a lo largo del capítulo, las empresas suelen tener algunos problemas de fondo, están desalineadas con las necesidades de sus clientes. ¿Por qué? Porque están obsesionadas con la tecnología en lugar de enfocarse en lo que realmente importa: la experiencia del usuario. Afortunadamente hay una solución: ¡alinear las experiencias de extremo a extremo! Para conseguirlo, necesitas cambiar de perspectiva y ver tu negocio desde fuera hacia dentro. Todos en tu empresa, desde el *front-end* hasta el *back-end*, deben empatizar con las personas a las que sirven y entender sus experiencias. Y para eso, nada mejor que los diagramas de alineamiento. Estos diagramas te ayudarán a visualizar el viaje emocional de tus clientes a través de tus productos y servicios. Cada interacción es un punto de contacto que afectará la calidad percibida de la relación. Y no olvides que estas interacciones pueden ocurrir tanto en línea como fuera de línea.

Ahora que tienes tu mapa, en la primera parte del alineamiento viste que debes identificar los momentos de verdad, esos instantes cruciales en los que te juegas el éxito de tu servicio. Evaluar las experiencias de tus clientes, ya sean positivas, neutras o negativas, y buscar las posibles soluciones a los problemas detectados. En esta segunda parte del alineamiento, el objetivo es pasar de entender las experiencias a imaginar soluciones para innovar y transformar. Pregúntate qué está funcionando mal en cada etapa crítica y desencadena cambios en los procesos y formas de interactuar con tus clientes.

Finalmente, es hora de explicitar las soluciones y aplicarlas en cada etapa crítica, proponiendo cambios en las experiencias del cliente y en los puntos de contacto. Es aquí donde, por fin, podrás utilizar los avances digitales para llevar a cabo la ansiada transformación digital.

La clave de la transformación digital no está en tener la última tecnología, sino en comprender a tus clientes y ofrecerles experiencias increíbles. Alinea sus experiencias, identifica esos momentos críticos y libera tu creatividad para transformar.

CAPÍTULO 4
EL *CUÁNDO, QUÉ* Y *QUIÉNES*: EL FLUJO DE LOS PROCESOS

Al hablar del flujo de procesos, lo que en realidad queremos contestar son tres preguntas primordiales: el *cuándo*, el *qué* y el *quiénes*. La primera duda te llevará a descubrir la secuencia en que suceden las diferentes actividades, es decir, cuándo transcurre lo que estamos poniendo bajo la lupa. Ahora, tan importante como contestarnos esta primera interrogante es que desentrañes las características propiamente tales de las actividades que estás observando, contestando el qué. Finalmente, el quiénes se responde al realizar el análisis de esta coreografía en donde encontrarás involucrados a múltiples participantes, cada uno con un rol y responsabilidades específicas.

Te darás cuenta que un flujo de procesos efectivo es aquel en el que cada etapa fluye de manera suave y sin obstáculos, permitiendo que el trabajo avance de manera eficiente y eficaz. Para lograr este flujo óptimo, es importante identificar los puntos críticos donde se puede producir algún tipo de fricción o retraso. Es aquí donde se puedes hacer mejoras y cambios que mejoren la eficiencia y la calidad de todo el proceso, clave dentro del ciclo de transformación digital. Es exactamente en este punto donde debes repasar las mismas tres preguntas, pero ahora desde la perspectiva de las soluciones propuestas. Es decir, *cuándo* deberían realizarse las nuevas actividades, *qué* actividades dejan de hacerse y en *qué* consisten las nuevas, y *quiénes* entran o salen como actores del nuevo proceso.

Imagina, ¿qué pasaría si pudieras transformar la manera en que haces las cosas? ¿Si pudieras mejorar o cambiar una parte del proceso. Bueno, eso es exactamente lo que representa el trabajar con un flujo de procesos. Este modelo describe cuándo se realiza una actividad, quién la realiza y qué acciones o datos se intercambian, representando una oportunidad para mejores y transformes la forma en que tu organización hace las cosas. Lo primero es describirlo detalladamente, para luego detectar las necesidades y datos que permitirán generar mejoras significativas.

Entender un flujo de procesos

Para adentrarnos en la esencia de un flujo de procesos, piensa que eres un cliente ansioso por sumergirte en la experiencia Starbucks.com al saborear un café. Al comienzo del día, entras rápidamente en tu establecimiento predilecto, inspirando de inmediato el aroma del café recién elaborado, visualizando ese primer sorbo. A continuación, te unes a la fila, reflexionando sobre qué pedir; quizás solicites sugerencias al barista, eligiendo la poción a saborear, pagándola en la caja. Tras aguardar la preparación, buscarás un asiento cómodo para disfrutar de tu bebida, conectándote al wifi gratuito del lugar con tu *notebook*, *smartphone* o *tablet*, o simplemente leerás un libro, estudiarás un poco o harás lo que desees, tal vez aguardar para la primera reunión del día.

En este sencillo ejemplo, puedes observar varias etapas por las que transitas antes, durante y después de disfrutar de tu café. Hay actividades que dependen de ti, otras del personal de la tienda y otras del proceso en sí. Algunas acciones no aportan valor, como esperar para pagar o la preparación misma. Para organizar todas estas actividades, es posible trazar un esquema como un flujo de procesos. Estos diagramas poseen múltiples elementos, pero en aras de simplificar e ilustrar de manera más efectiva el proceso de transformación digital, solo utilizaremos algunos de ellos, centrándonos en los más relevantes.

Ponte en la situación que estás observando un diagrama de flujo de procesos. En ambos extremos, verás unos círculos llamados terminadores: aquí es donde comienza y termina la acción. Pero lo emocionante sucede en el medio, donde se encuentran las diversas actividades, procesos y decisiones que dan vida al sistema. Estas acciones son llevadas a cabo por agentes o recursos del sistema, representados por rectángulos. Estos valientes elementos trabajan duro para completar el flujo y, si todo va bien, agregar valor en cada paso del camino. Ahora, piensa en los puntos de decisión, esos momentos críticos en los que el flujo puede cambiar de rumbo. Están representados por un diamante, y su función es tomar las riendas del proceso y dirigirlo hacia un destino diferente. No olvides el inventario, ese lugar donde las materias primas o los productos terminados se acumulan antes de avanzar. Aquí es donde debes estar atento, ya que también podrían ocasionar retrasos en el proceso. El inventario se simboliza con un triángulo invertido. Como también viste en el ejemplo de Starbucks, hay demoras que son aparentemente inevitables, pero forman parte del proceso. Estos momentos de pausa, de espera, se producen antes de llegar a la meta final y se representan con un símbolo parecido a una letra D mayúscula. Pero, ¿qué une todo esto? Las flechas de flujo, representando el movimiento y el recorrido de la unidad a través del proceso, conectan todos estos elementos esenciales.

Considerando estos elementos del diagrama de flujo de procesos, permíteme mostrarte cómo podría ser la experiencia de comprar y disfrute un café en un local de Starbucks, en este caso desde la perspectiva de los clientes:

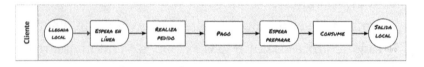

Es crucial resaltar que las actividades añaden valor a cada unidad del flujo que atraviesa esa etapa. Este valor es esencial para que la unidad de flujo complete con éxito su transformación o para que el cliente finalice su tarea. Además, cada proceso o actividad enfrenta restricciones de capacidad; tanto los seres humanos como las máquinas tienen un rendimiento máximo en un tiempo determinado. En el diagrama del café, se representan dos momentos de espera, tres procesos o actividades, un punto de entrada y un punto de salida. Por lo general, en esta fase del análisis, no es aconsejable abordar un gran número de etapas y actores, ya que el objetivo es que te centres en las actividades de mayor valor. Ahí es donde puedes descubrir las transformaciones que puedan generar un impacto significativo.

Lo que fluye a través del proceso

La unidad de flujo es ese elemento que atraviesa todo el proceso de principio a fin. Por ejemplo, en el caso de estudiar en un curso, tú eres la unidad: los postulantes se convierten en alumnos y la actividad es el estudio en sí. Otro ejemplo serían los viajes en Uber, donde la unidad de flujo son los kilómetros compartidos, el input del proceso son los autos y el *smartphone* con la *app*, el output serían los viajes compartidos y la actividad sería movilizarse. Seleccionar una unidad de flujo adecuada es crucial para ti al elaborar un diagrama de flujo de proceso. Aunque en los ejemplos que hemos explorado hasta ahora esto parece bastante sencillo, existen situaciones en las que la elección requiere mayor reflexión por tu parte. Uno de los desafíos podría ser que la unidad que se desplaza a través del proceso se divida en múltiples flujos. Por ejemplo, en un entorno de ensamblaje, tras un paso de inspección, las unidades en buen estado continúan hacia el siguiente paso de procesamiento, mientras que las unidades en mal estado necesitan revisión. Otro posible problema es que podrías encontrarte con varios tipos de unidades de flujo. En una sala de emergencias, los casos que ponen en riesgo la vida siguen un flujo distinto al de los casos menos complicados, aunque ambos involucren pacientes.

Ahora, al enfrentarte a la selección de la unidad de flujo, es fundamental que esta pueda abarcar todas las demandas y capacidades. Imagina el proceso de compra de café en

Starbucks; la unidad de flujo es la persona ansiosa por ese delicioso café. Sin embargo, si estuvieras analizando el proceso de elaboración del café, es muy probable que el kilo de café sea tu unidad de flujo. Ahora bien, piensa en la situación en la que hay múltiples tipos de productos o clientes. En Starbucks, encontrarás a aquellos que solo desean café, otros que buscan pastelillos ya preparados o bebidas heladas. Cada uno tendrá flujos diferentes, pero compartirán algunos procesos en su recorrido.

Fíjate en el flujo de Bagelsandcophl.com y la creación de tres tipos distintos de bagels. Visualiza tres escenarios: uno con ingredientes a la parrilla y vegetales; otro solo con vegetales; y, por último, uno con queso crema. Los tres tipos de producto comparten el inicio y el final del proceso, pero difieren en su proceso interno de fabricación. Por otro lado, también te toparás con procesos largos y complejos, visualiza el ejemplo de Starbucks pero incluyendo todas las múltiples actividades que pueden estar dentro de la elección, preparación y consumo, además de otras acciones que el cliente podría realizar en el local. Para simplificarlos, tienes dos alternativas. Una opción es centrarte en las actividades más relevantes para el proceso estudiado o dividirlo en más etapas. Tal vez, desde el punto de vista del cliente, la etapa de consumo sea la más relevante, pero quizás no desde la perspectiva de lograr mejoras a través de una transformación digital. En ese caso, podrías ampliar las etapas del pedido o del pago. La otra opción es dividir el flujo de proceso en más de uno. En el caso del cliente de Starbucks, podrías considerar el proceso de compra y otro, la experiencia del consumo y las actividades que realiza el cliente en ese momento, enfocándote más en la fidelización.

La capacidad del sistema

Al adentrarte en el potencial de un sistema, descubrirás que hay una ley, la ley de Little,[43] herramienta increíblemente versátil para analizar procesos. Su simplicidad y aplicabilidad en diversas situaciones la convierten en una aliada indispensable. No importa la granularidad o el nivel de detalle al modelar el proceso, ni la distribución de las llegadas o las variaciones en el tiempo de procesamiento. Esta ley se centra en analizar el rendimiento promedio del sistema en un estado estacionario. Dentro de este contexto, la tasa de flujo, que son las unidades de flujo entran o salen del proceso por unidad de tiempo, se relaciona con otra métrica: la capacidad del proceso. Esto mide cuánto puede producir el proceso, en lugar de cuánto produce realmente. Imagina un día en el que un proceso no funciona debido a una avería u otro evento externo; su capacidad no se ve afectada, pero el flujo se reduce a cero. Es como un automóvil que puede alcanzar los 180 km/h (capacidad) pero que generalmente se conduce a 120 km/h (tasa de flujo).

La tasa de flujo y la capacidad del proceso pueden variar por diversas razones. La tasa de flujo puede estar limitada por la demanda: si hay pocos clientes, mejorar el proceso no tiene sentido. Otro factor puede ser la restricción en las materias primas: si hay poco flujo de entrada, ninguna mejora en el proceso afectará la tasa de flujo. Finalmente, la tasa de flujo puede estar limitada por la capacidad del proceso mismo. Es aquí donde surgen oportunidades para realizar mejoras a través de la transformación digital. Para medir el posible desajuste entre la demanda y la oferta potencial (la capacidad del proceso), puedes echar mano a la denominada utilización del proceso, que es el cociente entre la tasa de flujo y la capacidad del proceso. La utilización es una medida de cuánto produce realmente el proceso en comparación con cuánto podría producir si funcionara a plena capacidad. Siguiendo con el ejemplo del automóvil que se conduce a 120 km/h (tasa de flujo) a pesar de que puede alcanzar 180 km/h (capacidad), esto significa que utilizamos el 67% del potencial del auto (120/180).

Cuando te sumerges en el mundo de la utilización de un sistema, descubrirás que nunca se puede superar el 100%. Así que la utilización solo te arroja información sobre el exceso de capacidad, donde es estrictamente inferior al 100%. Por lo tanto, desde el punto de vista de las oportunidades de transformación digital, este índice no te ayuda mucho, porque no te indica si puedes mejorar o dónde hacerlo, o sea, cuándo la demanda supera la capacidad del proceso. Es por eso que necesitas adoptar una medida adicional, llamada utilización implícita, que es la relación entre la capacidad necesaria para satisfacer la demanda y la capacidad del proceso. Aquí es donde la demanda puede exceder la capacidad, y es precisamente en este punto donde debes enfocarte para encontrar oportunidades de transformación. En un sistema desequilibrado, uno o varios recursos pueden tener una utilización implícita superior al 100%, lo que llamamos cuellos de botella. Estos representan el eslabón más débil en la cadena global de procesos y, como bien sabes, una cadena es tan fuerte como su eslabón más débil.

Supongamos que aplicas una transformación digital junto allí, donde hay problemas, puede que causes que el cuello de botella se mueva a la siguiente actividad. Por eso, al aplicar una transformación, tienes que mirar el proceso en su conjunto, esto lo verás claramente al final del capítulo con la fascinante experiencia de la empresa Panera Bread.

Integrando a los actores de nuestra obra

Te encuentras en un mundo lleno de actores, agentes y roles, todos interactuando en un sistema complejo y que debes integrar al flujo. Algunos de estos roles pueden ser personas, mientras que otros pueden ser *chatbots* de tiendas como Target.com, *apps* como Amazon Go o incluso los robots de Alertinnovation.com que ayudan a los clientes de Walmart a comprar. En este escenario, tu tarea es diseñar un flujo de información que conecte a todos estos actores en un momento específico del proceso e identificar las actividades que agregan valor en cada etapa de la experiencia del cliente, tanto en su contacto con los productos como con el servicio. En el contexto de la transformación digital, la clave está en incorporar datos en cada etapa del proceso. Estos datos son la información que se intercambia o se transforma a medida que avanza el flujo.

Al diseñar este flujo en un diagrama, debes crear un carril para cada recurso, actor o rol, y no olvides que puedes incluir sistemas automatizados como *softwares*, *apps*, bots, robots o agentes virtuales, ya que cada uno puede asumir un rol en el proceso. Considera las actividades que definen los pasos necesarios para completar una tarea o trabajo y enfócate solo en aquellos pasos que impactan económicamente el proceso. Cada paso dentro del carril puede caracterizarse por su flujo de información, es decir, los datos de entrada a cada actividad y los datos de salida que alimentan la siguiente etapa. El flujo de eventos se da por el orden cronológico de las etapas del proceso y las acciones que realiza un actor o recurso en particular dentro de su carril.

Volviendo a la experiencia en Starbucks, mira la apariencia que tendría el diagrama de flujo de procesos desde que el cliente entra al local, gatilla el proceso, hasta que consume el café. Como podrás darte cuenta, este análisis se centra sólo en la experiencia de compra, sin incluir otras actividades que podrían ocurrir durante el consumo. En un mundo lleno de interacciones y roles, tu desafío es diseñar el flujo de información perfecto que capture esta experiencia, y así, lograr la conexión perfecta entre todos los elementos.

FLUJO DE PROCESOS: LA EXPERIENCIA DE COMPRA EN STARBUCKS

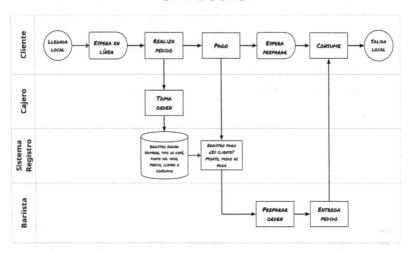

Fuente: Elaboración propia, Martin Meister

El siguiente paso es pregúntate cómo puedes marcar la diferencia en la experiencia del cliente de Starbucks utilizando la digitalización. ¿En qué aspectos puedes innovar? Centrémonos en agilizar la atención.

Visualiza a alguien apresurado visitando uno de los locales al comienzo del día. La espera podría resultar irritante y generar abandono. Si examinas el proceso, existe otra demora en la preparación del café, especialmente si hay pocos baristas disponibles. ¿Cuál sería tu consejo? Podrías proponer una *app* en la que el cliente pida su pedido con anticipación y programe la entrega. De esta manera, recogerían su café recién preparado sin esperar en la fila ni en la confección del brebaje. Solo pasarían a la etapa de entrega, donde realizarían el pago correspondiente, o incluso podrían pagar por adelantado. Pero, ¿qué sucedería si el cliente se prepara su propio café? No sería necesario tomar la orden ni contar con alguien para cobrar o preparar. Sería como la experiencia tipo Amazon Go: un sensor podría identificar, al final del proceso de preparación, el tipo de café, los agregados y el tamaño. La *app* recopilaría esta información y la cargaría automáticamente a la cuenta del cliente. ¡Sin la necesidad de colaboradores! Además, si el cliente no desea realizar ninguna actividad en el local, podrías enviarle el pedido directamente a su oficina, abriendo un nuevo ciclo de transformación digital.

Así que, hemos descubierto tres posibles transformaciones digitales para Starbucks: pedir con anticipación y pagar al recoger con una *app* móvil, la autoatención con detección del producto y pago sin cajero tipo Amazon Go, o el envío a domicilio al estilo de Uber Eats. En estos ejemplos, la transformación digital altera todo el flujo de procesos, la información, las etapas, las actividades e introduce nuevos actores o roles.

Vamos más allá, imagina por un momento liderar el cambio en Starbucks durante la pandemia del covid-19, acelerando las transformaciones que tenías en mente para los próximos años. Decides poner en marcha un nuevo sistema de etiquetado que se utilice de manera transversal para los pedidos de Uber Eats, el servicio de autoatención y la *app*, lo que permite una sola cola para agilizar el proceso. Además, empoderas a los baristas al preparar las bebidas con una nueva máquina de expreso, que cuenta con múltiples tolvas de granos y ajustes automáticos de molienda, evitando así saltar de una máquina a otra según el pedido. Estas máquinas vendrían equipadas con sensores para rastrear cuántas cargas se han realizado y cuándo es momento de hacer el mantenimiento, ¿qué tal?

Así, te das cuenta de que todas estas transformaciones digitales permiten que Starbucks se adapte al cambiante panorama dejado por la pandemia. Al final del día, estás liderando una revolución en la forma en que las personas disfrutan de su café, y en cómo tu empresa se adapta y crece en tiempos inciertos. Esto y mucho más ya está en pleno funcionamiento en algunos locales de Starbucks.[44]

Panera Bread pone todo a la parrilla

PaneraBread.com es una cadena estadounidense de restaurantes de comida rápida informal con más de 2 mil locales en Estados Unidos y Canadá, que ofrecen sopas, ensaladas, pastas, sándwiches, bebidas especiales y productos de panadería. A pesar del gran éxito, su presidente, Ron

Shaich, se da cuenta de que algo no va bien. No es una buena señal cuando el propio presidente de la empresa se pregunta si debería haberse quedado en casa comiendo las sobras del día anterior en lugar de conducir hasta uno de sus locales. Claramente, otras personas también podrían estar haciéndose la misma pregunta. El problema que identificó fue un excesivo e imperdonable tiempo de espera de hasta ocho minutos para hacer el pedido, sin mencionar el tiempo adicional que los clientes tenían que esperar para ser atendidos en sus mesas. ¡Ahí está! Una gran oportunidad de transformación digital justo frente a sus ojos.

Por un momento ponte en los zapatos de Ron, imagina que estás entrando en un local de Panera como cliente y te encuentras que hay cuatro protagonistas en escena: tus clientes, el cajero, la cocina y el personal de apoyo. Cuando llegas, te topas con tu primera demora al esperar en la fila para hacer tu pedido. Ahí es donde el cajero entra en acción, recibiendo el pagos e ingresando los datos del pedido en el sistema. Después, la orden se dirige a la cocina, donde se prepara para servir en el local o para llevar. Mientras tanto, aguardas ansiosamente para recibir el pedido. Te preguntas, ¿cómo se podrá solucionar esta demora en la línea de espera?

La solución que se te ocurre es implementar un sistema de autoatención digitalizado. Transformas un local en Braintree, cerca de la ciudad de Boston, en un prototipo para probar Panera 2.0, que incluye quioscos, pedidos y despachos digitales, así como nuevas prácticas de entrega de comida en las mesas. Durante la fase de pruebas, te sumerges en el proceso y pasas más de 100 horas observando cómo funciona la solución. Después de pruebas y más pruebas, el tiempo de espera para realizar los pedidos se reduce drásticamente de ocho minutos a solo uno. ¡Parece un gran éxito! Los quioscos digitales permiten a tus clientes realizar sus pedidos y pagar directamente, eliminando la espera en la fila. No obstante, esto aumenta la demanda en la cocina, que no puede manejar los altos volúmenes de pedidos simultáneos, trasladando el cuello de botella desde el área de pedidos al área de producción. Además, la personalización de menús en los quioscos brinda una experiencia única, pero genera problemas adicionales en la cocina, ya que hay más opciones y sustituciones, lo que lleva a más errores y demoras en la preparación. ¡Ron se da cuenta que tiene otra gran oportunidad de transformación digital entre sus manos!

En su constante ciclo de transformación, Panera fue recolectando los datos del desempeño del local prototipo, reconfiguraron el funcionamiento de la cocina, mejoraron la manera en que se generaban las órdenes, redujeron la cantidad de opciones del menú y actualizaron los algoritmos para la asignación de recursos. Con todas estas nuevas transformaciones digitales empezaron a minimizar los errores, terminando con el nuevo cuello de botella.[45]

La iniciativa Panera 2.0 representa años de trabajo y una inversión de cientos de millones de dólares. Tras cuatro años, comienzan a implementar el sistema de recolección rápida a nivel nacional, pero la recompensa no es inmediata. La cadena informa una caída en las ganancias por acción debido a la gran inversión en tecnología y advierte que las ganancias podrían estabilizarse o incluso disminuir en los próximos años. Sin embargo, pronto cambia la tendencia, con los pedidos y entregas digitales ganando terreno. La cadena experimenta un tráfico récord y un crecimiento en ventas en tiendas existentes, superando a la industria de comida rápida casual en casi 8 puntos porcentuales y logrando que el 26% de todas sus ventas sean en línea.[46] Tan bien les fue a Ron en su aventura, que acabó vendiendo poco tiempo después su joya por más de 7 billones de dólares.[47] ¡Nada mal!

Pero la transformación no termina, los nuevos dueños siguen transformándose, lanzan la iniciativa Panera NextGen,[48] que consiste en nuevos locales con doble entrada *drive-thru*, dedicando un carril exclusivamente a pedidos móviles, muy alineada con la dirección de la industria, ya que los *drive-thru* representan poco más del 50% del tráfico fuera de las instalaciones. En el interior, los clientes pueden esperar en la fila, usar un quiosco digital, recoger su comida para llevar o ir directamente a una mesa, incluso utilizando la *app* móvil para pedir por adelantado una comida para cenar. También pueden optar por detenerse afuera y esperar a que un miembro del equipo les entregue los alimentos y bebidas. También implementan la modalidad de pago por suscripción, el llamado Unlimited Sip Club,[49] aplicándolo a más de veinte diferentes bebidas de autoservicio, que incluyen té, café o bebidas relacionadas con PepsiCo.com. Sus suscriptores pueden aprovechar este servicio en todos sus canales, ya sea en sus cafeterías, *drive-thru*, *delivery* o *pick-up*.

Como ves, ofrecen todas las opciones disponibles a sus clientes, demostrando una vez más que Panera es una empresa auténticamente transformada digitalmente.

Recomendaciones

¿Quieres asegurarte de que tus procesos de negocio sean efectivos y eficientes? Por ejemplo, puedes pensar en ti como un cliente de Starbucks que disfruta de su café diario. Desde que entras en la tienda hasta que te sientas a saborear tu bebida, hay un flujo de procesos detrás de todo ello. Los diagramas de flujo de procesos pueden ayudarte a visualizar estas actividades y decisiones, identificar los puntos críticos y mejorar el valor que añaden al cliente. Al simplificar y centrarse en las etapas de mayor valor, puedes descubrir nuevas oportunidades de transformación digital y aumentar la satisfacción del cliente. Por otro lado, es importante que elijas adecuadamente la denominada unidad de flujo, ya que debe abarcar todas las demandas y capacidades, fundamental para el éxito de cualquier proceso y para lograr una transformación digital efectiva. Al adentrarte en el análisis de procesos propiamente tal, descubrirás la Ley de Little, una herramienta versátil e indispensable para mejorar sistemas. La tasa de flujo y la capacidad del proceso son claves para comprender el rendimiento del sistema, y su utilización implícita te indican si la demanda supera la capacidad y dónde encontrar oportunidades de transformación.

Al final del capítulo viste que los cuellos de botella son los eslabones más débiles de la cadena global de procesos, por lo que al aplicar una transformación debes mirar el proceso en su conjunto. Es aquí donde la visión de Ron Shaich, presidente de Panera Bread, entra en acción reconociendo la oportunidad de mejorar la experiencia del cliente al reducir el tiempo de espera, lográndolo a través de la implementación de quioscos digitales y otros avances tecnológicos. Lo relevante para ti es que Panera continuó mejorando y evolucionando con el tiempo, ofreciendo a sus clientes aún más opciones y comodidades, desde los pedidos móviles hasta el pago por suscripción. Gran ejemplo de cómo una empresa puede liderar el cambio y transformarse para seguir siendo relevante y exitosa en un mundo cada vez más digital.

CAPÍTULO 5
EL *CÓMO*: LA TECNOLOGÍA, ANDAMIAJE FUNDAMENTAL

La primera parte de la respuesta al *cómo* dentro del ciclo de transformación digital se contesta con la tecnología que ocuparás. Por eso, en el siguiente capítulo debes prepararte para embarcarte en un viaje de exploración y descubrimiento, donde desentrañaremos el misterio de cómo la tecnología y, en particular, la inteligencia artificial está transformando nuestras vidas y negocios en formas inimaginables. En este viaje, navegarás a través de las diferentes etapas de la web, desde sus humildes comienzos hasta el emocionante mundo de la web 3.0, y descubriendo cómo las tecnologías digitales han evolucionado para ofrecer capacidades increíbles. Primero, harás una parada en el mundo de las *tecnologías habilitadoras*, aquellas que han sido fundamentales en el desarrollo de la web 2.0 y que han permitido a muchas industrias digitalizar sus propuestas de valor. Reflexionarás sobre cómo estas tecnologías, a pesar de su accesibilidad y potencial para ser replicadas rápidamente, deben ser integradas de manera efectiva para ofrecer una ventaja competitiva sostenida. A continuación, te adentrarás en el fascinante territorio de las *ocho tecnologías esenciales*, como la inteligencia artificial, los registros electrónicos distribuidos, el internet de las cosas, los drones, los robots, las impresoras 3D, la realidad aumentada y la realidad virtual. Examinarás cómo algunas de estas tecnologías se integran entre sí y cómo puedes aprovechar su poder combinado a través de su convergencia.

Luego te sumergirás en el mundo de la inteligencia artificial, explorando sus diferentes formas y enfoques, como la IA débil y fuerte, así como el aprendizaje supervisado, no supervisado y reforzado. Desentrañarás cómo estos conceptos están cambiando la forma en que interactuamos con la tecnología y cómo están moldeando nuestro futuro. Por último, pero no menos importante, reflexionarás sobre la relevancia de la inteligencia artificial en el mundo empresarial y cómo su impacto creciente se alinea con tu estrategias empresariales. Al final de este viaje, comprenderás cómo las tecnologías digitales y la inteligencia artificial están remodelando la economía global y cómo puedes aprovechar su poder para transformar tu negocios y nuestras vidas.

El vertiginoso avance de la tecnología

¿Sabes que la tecnología ha avanzado a pasos agigantados en los últimos 30 años? La web 1.0 dio paso a páginas estáticas que se bajaban desde navegadores como Netscape. En aquel entonces, la mayoría de los usuarios estábamos encantados con las funciones novedosas, como el correo electrónico o las noticias en tiempo real. Pero la creación de contenido estaba en pañales y las oportunidades para las aplicaciones interactivas eran limitadas. Todo esto cambió con la popularidad de la banca y el *e-commerce*, llevándote a la web 2.0, que trajo consigo cambios desde tus escritorios a la movilidad, o desde el almacenamiento local a la nube. Finalmente, la web 3.0 ha consolidado a los líderes incipientes de aquel entonces como Amazon, Google, Facebook o Netflix y ha traído cambios estructurales en la industria, con una tendencia a la descentralización, la popularización de modelos de plataforma, la monetización impulsada por la personalización, fuertes cambios en los medios de comunicación, la convergencia tecnológica, la omnicanalidad y el *metaverso*.

Las tecnologías digitales están transformando el juego, al ofrecerte capacidades inigualables, como la automatización, la escalabilidad, la confiabilidad, la ubicuidad, la conectividad ilimitada y el procesamiento masivo de datos. De acuerdo con estudios de Goldman Sachs, la web 3.0[50] está permitiendo a los usuarios un mayor control de sus datos, incluidos los que residen en tus dispositivos móviles. Esto podría traducirse en un enfoque más micro, lo que podría disminuir en cierta medida las economías de escala, ya sea en los mercados finales o en la relación entre las plataformas y tú como usuario. También hay un surgimiento del individuo como creador, monetizando su contenido directamente con sus seguidores, con posibles cambios en los modelos de distribución de los sistemas operativos móviles o en las tiendas de aplicaciones. Por último, la web 3.0 permite más flexibilidad e innovación, incluyendo la privacidad descentralizada y cierto grado de anticorporativismo.

Las tecnologías habilitadoras

De repente te encuentras en el centro de un ecosistema tecnológico en constante evolución, lleno de innovación y oportunidades. En este ecosistema, las llamadas tecnologías SMACIT[51] han madurado y están siendo adoptadas por industrias de todo tipo. Estas cinco fuerzas –redes sociales, dispositivos móviles, analítica, nube e Internet de las cosas–, acuñadas por el MIT CISR, están marcando la diferencia en el mundo digital.

Ahora bien, estas tecnologías SMACIT han sido fundamentales en el desarrollo de la web 2.0 y han permitido a muchas industrias transformar sus propuestas de valor. La accesibilidad de estas tecnologías significa que están fácilmente disponibles en el mercado, pero también que pueden ser rápidamente replicadas y no siempre ofrecer una ventaja competitiva sostenida. Aquí es donde entra en juego la integración, el factor crítico que marca la diferencia en la economía digital. Ahora, piensa en la integración como en un tejido que conecta todas las partes de tu empresa, desde productos y servicios hasta capacidades comerciales internas, y crea interacciones fluidas con clientes y socios. Claro, la integración es la clave para coordinar eventos discretos y aparentemente inconexos, y al mismo tiempo, es difícil de lograr y replicar, lo que la convierte en una base sólida para la competencia en la economía digital.[52]

Para ilustrar la importancia de la integración, considera cómo crear valor digital no se trata solo de tener una web pública potente, una base de datos actualizada o de comunicarte con los clientes a través de las redes sociales.

Se trata de unir todas estas piezas en un todo cohesivo y funcional. CRM como Salesforce.com, CMS como Wordpress.com, plataformas de automatización como Hubspot.com y herramientas de optimización como Uniq.ai para el uso de WhatsApp son ejemplos de cómo la integración de tecnologías digitales puede marcar la diferencia en el éxito de tu empresa.

Ahora, por un momento sumérgete en Latinoamérica[53] y explora su panorama tecnológico. Entre las diversas tecnologías en uso, las empresas en la región indican que las redes sociales son las más utilizadas, con un 73%, seguidas por la analítica con un 55% y los dispositivos móviles en un 44%. Estos números no deberían sorprenderte, ya que estas tres tecnologías son las más maduras dentro del grupo SMACIT. Lo realmente interesante es descubrir que el 56% de las organizaciones declara utilizar hasta 3 tecnologías simultáneamente, ¡y el 30% incluso hasta cuatro! Entre las combinaciones de tecnologías, la más utilizada es redes sociales-móvil-analítica-*cloud*, representando el 11% del total. Y aquí viene lo sorprendente: de las tecnologías consideradas esenciales, la inteligencia artificial es, por lejos, la más mencionada, con el 41%, seguida por el *blockchain* con el 12%. Lo curioso es que ambas tecnologías suelen estar presentes en conjunto.

Las tecnologías esenciales

Vamos un poco más lejos y sumérgete más profundamente en el universo compuesto por lo que PWC denomina las *ocho esenciales*,[54] tecnologías que están revolucionando diversas industrias y transformando la forma en que hacemos

99

negocios. Estas tecnologías incluyen la inteligencia artificial, los registros electrónicos distribuidos, el internet de las cosas, los aparatos aéreos no tripulados, los robots, las impresoras 3D, la realidad aumentada y la realidad virtual. Ahora bien, algunas de estas tecnologías se entrelazan y se complementan, creando un impacto aún mayor. La inteligencia artificial está presente en todas partes, por ejemplo, cambió la forma en que interactuamos con las personas a través de dispositivos móviles, redes sociales y agentes virtuales, entre otros. Mientras tanto, las impresoras 3D y el internet de las cosas están revolucionando la industria manufacturera y la gestión de inventarios. Lo más emocionante es que estas tecnologías no solo están presentes en una amplia gama de industrias, sino que también se utilizan de manera simultánea y se integran en el tejido de la innovación.

Ahora, echemos un vistazo más de cerca a las ocho tecnologías esenciales y, lo que es aún más crucial, cómo puedes utilizarlas prácticamente para desarrollar negocios digitales exitosos.

Piensa en la inteligencia artificial como esos prodigiosos algoritmos informáticos que se encargan de llevar a cabo tareas que, en muchos casos, requerirían de la intervención humana, como la percepción visual, el reconocimiento de voz y lenguaje, o la toma de decisiones. Por lo general, estos algoritmos respaldan o están presentes en todas las demás tecnologías esenciales. Su uso puede manifestarse en áreas como la personalización de recomendaciones, la optimización en búsquedas, la atención al cliente mediante bots, la mejora en la manufactura o el análisis predictivo, entre muchas otras posibilidades. Ejemplos destacados incluyen lo que OpenAI.

com ha logrado al entrenar su modelo Chat GPT, que interactúa de manera conversacional, Bard, el asistente inteligente de Google, o Bing AI, el buscador astuto de Microsoft.

Bard, Bing AI y ChatGPT se encuentran entre los modelos lingüísticos más populares y fascinantes, brindando acceso fácil y masivo a una experiencia de IA. Todos ellos tienen la capacidad de generar contenido y responder preguntas, aunque, por supuesto, con ciertas limitaciones y diferencias. En general, sus formatos de diálogo son tan versátiles que permiten responder a preguntas de seguimiento, admitir sus errores, cuestionar premisas incorrectas y rechazar solicitudes inapropiadas. Además, tienen la habilidad de corregir códigos de programas, redactar textos tan variados como ensayos, poemas o correos electrónicos, e incluso escribir libros o guiones de películas. Pero no te preocupes, volveremos a hablar de ellos un poco más adelante. Todo a su tiempo.

Al adentrarte en el intrigante mundo de los registros electrónicos distribuidos, más conocidos como *blockchain*, descubrirás libros digitales que utilizan ingeniosos algoritmos de *software* para registrar y confirmar transacciones con confiabilidad y anonimato. La magia detrás de esto es que el registro de eventos se comparte entre numerosas partes y, una vez ingresada, la información se vuelve inmutable. *blockchain* es el pilar de las criptomonedas y se utiliza en gran medida en la gestión de identidad, votaciones, contratos inteligentes, registro de activos y transacciones de persona a persona.

El llamado internet de las cosas es otra tecnología esencial que podríamos definir como la red de objetos físicos, ya sean dispositivos, vehículos o electrodomésticos, que se integran con sensores, *software* y conectividad de red. Esta simbiosis les confiere la capacidad computacional para recopilar, intercambiar y actuar sobre datos, generalmente sin intervención humana.

Los aparatos aéreos no tripulados, más conocidos como drones, presentan un espectro amplio en términos de capacidades y usos. Pueden operar de forma autónoma, mediante un control remoto o de manera completamente autónoma a través de computadoras a bordo. Si bien han ganado notoriedad por sus usos militares en vigilancia, defensa o ataques a distancia, también se emplean en la vigilancia civil y policial, la inspección de infraestructuras, la agricultura de precisión y la entrega de mercancías. Aunque los drones no reemplazarán al transporte tradicional terrestre, tienen el potencial de agregar valor en áreas de alta congestión de tráfico, sectores aislados y rurales, o en casos de emergencia.

Ahora, adéntrate en el fascinante mundo de los robots, esa tecnología esencial que ha capturado tu imaginación durante más de un siglo. Hablando en términos técnicos, los robots son máquinas con capacidad de detección, control y, a menudo, autonomía, diseñadas para automatizar, mejorar o asistir en tus actividades. No se limitan a máquinas físicas; también pueden ser *softwares* o procesos. Los primeros usos masivos de robots tuvieron lugar en la manufactura y la industria, donde su destreza en trabajos repetitivos y peligrosos les dio ventaja sobre ti, el ser humano. Los robots también han llegado a tu hogar, encargándose de tareas como aspirar, cocinar, cortar el césped, limpiar piscinas o ventanas. Incluso hay robots que pueden asistir a médicos en cirugías complicadas y ayudar a personas mayores, con movilidad reducida o necesidades especiales. Un caso intrigante es Optimus, el robot de Tesla, que promete ser el primer robot comercializado masivamente para tu uso personal, no solo empresarial.

Las impresoras 3D han estado en el mercado por un tiempo, pero ha sido en los últimos años cuando su uso comercial ha cobrado impulso. Estas máquinas innovadoras crean objetos tridimensionales a partir de modelos digitales, imprimiendo capas sucesivas de materiales. Sus revolucionarias tintas abarcan desde plástico y metal hasta vidrio, cemento y madera. Sus aplicaciones son sorprendentemente diversas, permitiendo fabricar desde piezas individuales hasta casas completas. Las impresoras 3D te ofrecen una alta personalización de productos y, al mismo tiempo, economías de escala en la producción masiva. Así, estas tecnologías están transformando tu relación con la fabricación y el diseño, abriendo un mundo de posibilidades insospechadas. Imagínate que van a ser claves en la conquista de la Luna y Marte, ¡nuestros hogares van a ser imprimidos en el espacio!

El mundo de la realidad virtual pertenece a una tecnología de uso relativamente reciente que te permite interactuar con entornos artificiales tridimensionales y sensoriales gracias a la tecnología computarizada. Te sumerges en una experiencia inmersiva, en lugar de simplemente ver una pantalla frente a ti, interactuando con mundos en 3D. Esta simulación de la realidad se logra mediante dispositivos interactivos como gafas, auriculares, guantes o trajes corporales, que envían y reciben información. Los usos de la realidad virtual son variados y aunque comenzaron principalmente en el ámbito de los videojuegos, hoy en día se extienden a recorridos detallados de propiedades en venta, fomento de empatía en misiones de organizaciones sin fines de lucro, desfiles de moda virtuales, demostraciones y diseño de productos a distancia, entrenamiento y guías para el trabajo y la salud, entre otros. Esta tecnología impacta una amplia gama de industrias como la automotriz, salud, *retail*, turismo, inmobiliaria, lúdica y educativa.

Por otro lado, la realidad aumentada, considerada como otra tecnología esencial, se diferencia de la realidad virtual en que es una superposición visual o auditiva en el mundo físico, utilizando información digital contextualizada para mejorar la visión del mundo real del usuario en tiempo real. Su objetivo principal es resaltar características específicas del mundo físico, aumentar la comprensión de esas características y brindar información inteligente y accesible aplicable al mundo real.

La realidad aumentada puede incrementar la eficiencia reduciendo los costos de almacenamiento y transporte. Los dispositivos habilitados pueden guiar a los trabajadores en una bodega mostrándoles las rutas más cortas a un estante y brindando información sobre los artículos. También se extiende al sector de la salud, permitiendo ver imágenes detalladas en tres dimensiones de los diferentes sistemas corporales al colocar un dispositivo móvil sobre una imagen de destino. Además, mejora la experiencia de compra del consumidor al incorporarse en aplicaciones de catálogo de tiendas, permitiendo a los consumidores visualizar cómo se verían diferentes productos en diversos entornos. Otros usos incluyen mapas virtuales, manuales y juegos. Como puedes ver, la realidad aumentada impacta en diversas industrias, al igual que la realidad virtual.

Convergencia de las tecnologías esenciales

Imagina el poder que puedes desatar al aprovechar varias tecnologías al mismo tiempo. En el ámbito de las tecnologías esenciales, los algoritmos de inteligencia artificial son el pegamento que mantiene todo unido, ya que tienen el potencial de estar presentes en prácticamente todas las demás tecnologías. Por eso, vale la pena analizar sus alcances de manera especial. Aunque hay otras tecnologías prometedoras como la computación cuántica, la nanotecnología y la biología sintética, los estudios de PWC indican que el impacto más práctico y profundo en los próximos años seguirá viniendo de las *essential eight*. Como dijimos, la clave está en cómo trabajarán juntas para generar este impacto.

Cuando combinas estas tecnologías esenciales, emergen seis tendencias poderosas: la confianza automatizada, la realidad extendida, las interfaces inmersivas, la automatización laboral, los gemelos digitales y las redes hiperconectadas. Explora cada una de ellas y descubre cómo estas tendencias están cambiando el panorama tecnológico ante nuestros ojos.

Confianza automatizada

No cabe duda de que la confianza es fundamental en nuestra sociedad. A medida que los servicios digitales se expanden, te enfrentas a fraudes y suplantaciones, y eso sin mencionar los problemas de ciberseguridad. Aquí es donde el potencial de la inteligencia artificial brilla, especialmente cuando se combina con tecnologías como *blockchain* y el internet de las cosas, para automatizar la confianza. Esto se puede aplicar en diversas industrias, desde la salud y la educación hasta la agricultura y la infraestructura, incluso en la cadena de valor de los servicios públicos.

En la cadena de suministros, uno de los mayores desafíos es establecer la confianza entre las partes. Esto incluye la autenticidad de los productos, garantizar un registro continuo de su ciclo de vida y verificar y gestionar las identidades de compradores y vendedores. Piensa en los contratos inteligentes,[55] que pueden utilizarse para asegurar la cadena de suministros. Con ellos, puedes verificar la procedencia de un producto mediante sensores conectados en línea que miden la temperatura o las vibraciones durante su transporte, asegurándote de que se mantengan dentro de niveles aceptables antes de aceptar la entrega. En este escenario, la inteligencia artificial puede ayudarte a mejorar el sistema con los datos recopilados en el trayecto, los cuales, además, se mantienen confidenciales gracias al *blockchain*.

Realidad extendida

Te enfrentas a una nueva frontera donde convergen tecnologías que están moldeando el *metaverso* del mañana: un mundo 3D inmersivo e interconectado donde la realidad virtual, la realidad aumentada, la inteligencia artificial, el *blockchain* y las criptomonedas transformarán cómo vives, trabajas y te relacionas. La promesa de la realidad extendida alimenta las predicciones de un abanico de posibilidades antes inimaginables en el *metaverso* que emerge rápidamente.[56]

Descubrirás un acceso cada vez mayor a una amplia variedad de aplicaciones que abarcan comercio, arte, medios, publicidad, atención médica y colaboración social. La experiencia del *metaverso* no dependerá del dispositivo, permitiéndote utilizar computadoras personales, *tablets*, consolas de juegos, *smartphones* y dispositivos *wearables*, dando lugar a un vasto ecosistema. Con esta amplia definición, se estima que el mercado del *metaverso* podría valer entre 8 y 13 billones de dólares para 2030, con aproximadamente 5 mil millones de usuarios.[57]

Además, la realidad extendida desatará una gran cantidad de aplicaciones industriales, facilitándote la medición del espacio y las distancias, reduciendo la oclusión y mejorando la orientación y comunicación con otros actores. Imagina, por ejemplo, que eres un operario utilizando un casco de realidad aumentada. Por un lado, ves la máquina real que estás inspeccionando; al mismo tiempo, puedes ver en pantalla su historial de funcionamiento y mantenimiento, ya que estás conectado a ella a través de sensores del internet de las cosas; y finalmente, mediante algoritmos de inteligencia artificial, puedes predecir sus futuras fallas.

Interfaces inmersivas

Ahora, visualiza a las interfaces inmersivas y descubre cómo la comunicación con máquinas ha evolucionado más allá del simple texto y la voz. En un principio, esta interacción estaba reservada para especialistas que tecleaban comandos en consolas y recibían respuestas de las máquinas. Pero ahora, gracias a los avances tecnológicos, la capacidad de procesamiento y la inteligencia artificial, la comunicación se ha vuelto mucho más fluida y natural, aprovechando elementos humanos como las emociones y el tacto. Las interfaces inmersivas que no solo entienden tus palabras, sino que también perciben y reaccionan a tus comportamientos, movimientos, ondas cerebrales e incluso emociones. En el ámbito comercial, ya se utilizan interfaces conversacionales en bots financieros, comerciales y de atención al cliente, análisis predictivos basados en inteligencia artificial, e incluso en sensores inteligentes y robots de fábricas. Y no termina ahí: piensa en la posibilidad de combinar la tecnología de *deepfake* con interfaces conversacionales para crear agentes hiperrealistas capaces de interactuar contigo en tiempo real de manera adaptativa y empática. Estás en el umbral de un nuevo mundo de interacción hombre-máquina, y las oportunidades son prácticamente infinitas.

Automatización laboral

Adentro en el fascinante mundo de la automatización, donde estás a punto de descubrir cómo los procesos manuales se convierten en digitales al integrar la automatización, la robótica y la inteligencia en un solo sistema. No solo pienses en robots, sino también en procesos automatizados, como la automatización de procesos robóticos (RPA), que están diseñados para mejorar la eficiencia en el lugar de trabajo. Las máquinas clásicas que ya conoces en industrias como la automotriz, tareas cotidianas como enviar correos electrónicos, abrir aplicaciones y copiar y pegar información (por ejemplo, entre sistemas bancarios) podrían verse drásticamente reducidas. Los sistemas autónomos recopilan cantidades masivas de datos previamente inaccesibles a través de sensores conectados a internet, historiales de transacciones, datos de las máquinas y aportes humanos. En este emocionante viaje de la automatización, considera cómo estos avances pueden cambiar radicalmente la forma en que trabajas y cómo estos desarrollos tecnológicos pueden impulsar la eficiencia en una amplia variedad de industrias y aplicaciones. Al igual que un artista, experimenta con las posibilidades ilimitadas que la automatización te ofrece y crea nuevas formas de hacer las cosas en un mundo en constante cambio.

Gemelos digitales

En la era de los gemelos digitales, viajas a un espacio donde los objetos y sistemas físicos tienen sus contrapartes digitales. La tecnología que respalda estos gemelos ha crecido, llegando a incluir desde edificios y fábricas hasta ciudades enteras. Al experimentar y simular, puedes obtener una comprensión más profunda de los entornos y ciclos de vida. Al interactuar con un gemelo digital de un objeto físico, puedes probar escenarios en tiempo real, anticipar resultados y recolectar información crucial para tomar decisiones comerciales. El mundo a tu alrededor se ha vuelto cada vez más digitalizado, gracias a avances en el internet de las cosas, la capacidad de procesamiento, los modelos de simulación, las herramientas analíticas y la inteligencia artificial.

Redes hiperconectadas

Las redes hiperconectadas se están convirtiendo en el nervio central de nuestra sociedad actual. Te hablo de una infraestructura que, gracias a la tecnología de redes e internet de las cosas, está permitiendo conectar de manera inteligente a un sinnúmero de personas, dispositivos y sistemas. Y lo mejor de todo, es que todo esto se está haciendo a velocidades impensables hace unos años. La clave de estas redes está en su capacidad para procesar información en tiempo récord y mejorar las interacciones entre los humanos y los sistemas autónomos.

Con millones de dispositivos conectados entre sí, y con la ayuda de la nube y la tecnología 5G, estamos creando una infraestructura de alta velocidad, baja latencia y extremadamente estable, que sirve como columna vertebral de una conectividad ubicua. ¿Y qué significa esto? Que la comunicación directa de dispositivo a dispositivo puede generar información y respuestas impulsadas por inteligencia artificial, justo cuando y donde se necesiten, sin necesidad de intermediarios. ¿Te imaginas todo lo que se puede lograr con esta capacidad de conectividad y procesamiento? Las posibilidades son infinitas.

Qué tan inteligente es la IA

Piensa en la inteligencia artificial como esos algoritmos, programas o máquinas que tienen la capacidad de comportarse como tú, imitando a los seres humanos. En este paisaje, encontrarás conceptos como *machine learning*, la habilidad de las máquinas para aprender y reescribir sus propios códigos, y *deep learning*, que utiliza redes neuronales artificiales para imitar el aprendizaje del cerebro humano. Vamos un paso más allá. En el mundo de la inteligencia artificial, hay dos grandes jugadores: la débil y la fuerte. La débil es la que ya conoces y usas a diario, como Google completando tus oraciones, Amazon sugiriéndote productos o Spotify creando listas de canciones para ti. La fuerte es diferente; se trata de máquinas que pueden realizar cualquier tarea intelectual que los seres humanos sean capaces de hacer. Aquí es donde entran en juego la generalización del conocimiento, la planificación futura y la adaptación al entorno.[58] Pero, ¿qué pasa si la inteligencia artificial fuerte no entiende que el fin no es independiente de los medios utilizados? Imagina un auto autónomo inteligente llevándote al aeropuerto lo más rápido posible y, en el proceso, saltándose las leyes de tránsito y poniendo en riesgo tu seguridad. El problema no es la tecnología, sino cómo la controlamos.

Entonces, ¿cómo aprenden estas maravillas de la tecnología? Principalmente mediante tres enfoques: aprendizaje supervisado, no supervisado y reforzamiento.[59] En el aprendizaje supervisado, ya sabemos la respuesta y enseñamos a las máquinas a reconocer patrones, como diferenciar gatos de perros. En el aprendizaje no supervisado, las máquinas descubren por sí mismas patrones y estructuras en los datos. Y en el aprendizaje por reforzamiento, las máquinas aprenden a través de la interacción con su entorno, recibiendo retroalimentación en forma de recompensas o castigos.

Aprendizaje supervisado

En términos sencillos, el aprendizaje supervisado ocurre cuando ya conoces la respuesta a lo que estás buscando. Tomemos el ejemplo de reconocer un gato: desde pequeño, te enseñaron a diferenciarlos de los perros. De manera similar, debes entrenar a las máquinas, proporcionándoles numerosas imágenes de gatos hasta que puedan identificarlos por sí mismas. La clave es que un ser humano ya ha etiquetado la foto diciendo es un gato, permitiendo que la máquina aprenda en base a ese conocimiento. Un gran ejemplo de este proceso de etiquetado es el proyecto Mechanical Turk de Amazon.[60]

Mechanical Turk aprovecha el poder del *crowdsourcing* al proporcionar una fuerza laboral bajo demanda. A través de una interfaz de usuario adaptable y una integración directa con una *api* simple, las personas reciben pagos por cada caso que revisan. Estos colaboradores etiquetan una variedad de elementos, como si los correos electrónicos son spam o no. De esta manera, la máquina puede aprender a identificar las características que definen al spam, gracias a que el ser humano comparte su criterio con ella.

Aprendizaje no supervisado

En el intrincado mundo del aprendizaje no supervisado, la sorpresa es el ingrediente clave. En lugar de proporcionar respuestas, planteas preguntas y asignas tareas a la máquina sin conocer de antemano cómo se resolverán. Como artista enfrentándose a un lienzo en blanco, la máquina se sumerge en el desafío.

Imagina que te preocupa la fuga de clientes, la disminución en el uso de tus servicios o que simplemente dejen de comprarte. Al analizar los datos de tus clientes, puedes identificar quiénes tienen más probabilidades de abandonarte o quiénes no volverán a comprarte. ¿Cómo pueden ayudarte las máquinas en esta búsqueda? Se reduce a tres áreas: agrupamiento, asociación y anomalías. El agrupamiento es como un juego de rompecabezas. Los algoritmos buscan elementos dentro de la estructura de los datos y los agrupan en diferentes conjuntos que comparten patrones comunes. Es una habilidad innata en los humanos, capaces de encontrar patrones en medio del caos. La asociación es como una sinfonía de relaciones. Este método revela conexiones interesantes entre múltiples variables o características. La clave es encontrar asociaciones que sucedan con mucha más frecuencia de lo que cabría esperar por casualidad. La máquina podría descubrir, por ejemplo, que si alguien compra pan y mantequilla, tiene un 75% de probabilidad de comprar queso. Las anomalías, por otro lado, son como destellos de luz en la oscuridad. Permiten encontrar valores atípicos que pueden ser cruciales para detectar fraudes u otros comportamientos fuera de lo común.

Aprendizaje reforzado

El aprendizaje reforzado irrumpe en escena cuando una máquina recibe retroalimentación sobre sus acciones, con el objetivo de mejorar en la próxima iteración. Pero a diferencia del aprendizaje supervisado, la retroalimentación proviene del mundo exterior o de su propio código. Tienes una máquina dedicada a publicar *banners* en diversos sitios web o a estimar cuánto presupuesto asignar a las palabras clave de un anuncio de Google Ads. La máquina se forma una opinión y toma una acción específica; lo que suceda con esa acción se convierte en el refuerzo, también conocido como aprendizaje por recompensa o castigo.[61]

Pensemos en un niño interactuando con su entorno y reconociendo diferentes tipos de flores. Aquellas que huelen bien lo motivarán a olerlas de nuevo, lo cual indica que se guía por una recompensa. Por el contrario, si encuentra una con espinas y se pincha, intentará evitar ese tipo de plantas, es decir, se guiará por el castigo. Al igual que los niños, la máquina con aprendizaje reforzado opera mediante ensayo y error, explorando el territorio por sí misma. Tienes una idea de dónde quieres que la máquina llegue, pero no la corriges en cada paso. Esto significa que la máquina hace lo mejor posible para crear su modelo, ya sea para proporcionar el mejor contenido, el mejor servicio al cliente o simplemente seleccionar el *banner* publicitario que tenga el mayor impacto en la audiencia objetivo. Lo hace de forma iterativa y continua, mejorando sus habilidades con el tiempo.

La inteligencia artificial generativa

En el fascinante mundo de la inteligencia artificial, encontramos una segunda derivada, la denominada inteligencia artificial generativa. Esta emerge de algoritmos y redes neuronales capaces de aprender de textos e imágenes existentes para generar contenido original y único. Así es como innovaciones como las de OpenAI con ChatGPT están revolucionando la forma en que creamos.

La clave de su creación estuvo en el aprendizaje reforzado basado en la retroalimentación de humanos. Estos entrenadores humanos aportaban conversaciones en las que desempeñaban ambos roles, el de usuario y el de *chatbot*, perfeccionando en cada iteración la redacción de las respuestas. La creación del modelo de recompensa se basaba en datos de comparación, que incluían dos o más respuestas del modelo clasificadas por calidad. Al recopilar estos datos, los entrenadores participaban en conversaciones con el *chatbot*, seleccionando al azar un mensaje escrito por el modelo, probando diferentes finalizaciones alternativas, para luego clasificarlas. Con estos modelos de recompensa en mano, el proceso de iteración y ajuste del modelo avanzaba.[62] Y así, ChatGPT se entrenó con múltiples bases de datos, incluso en la vasta información disponible en internet, acumulando cientos de GB de datos y miles de millones de palabras.[63] Al final, lo que tienes a tu disposición es una máquina capaz de crear contenido completamente nuevo a partir del ya existente.

Al adentrarte en el mundo de esta plataforma, descubrirás que se diferencia de otros sistemas que suelen proporcionar respuestas predeterminadas a entradas o tareas específicas, sorprendiéndote con su habilidad para recordar preguntas anteriores, lo que le permite mejorar sus respuestas con el tiempo y mantener una conversación coherente contigo. Eso sí, aunque crea respuestas a través de textos con una alta probabilidad de ser reconocidos por ti como una respuesta adecuada, es posible que a veces no tenga respuestas para ciertas preguntas. Como vimos, esto se debe a que construye los textos basándose en los contenidos disponibles en sus datos de aprendizaje, que pueden no estar tan actualizados. Cuando la pregunta es simple, hay una alta probabilidad de que la respuesta sea correcta. Pero a medida que las tareas asignadas son más específicas, es muy posible que llene los vacíos inventando lo que falta.

Recuerda que esta plataforma no tiene la capacidad de modificar su propio código ni actuar de forma autónoma. Todas sus mejoras provienen de la retroalimentación humana que le indica cuándo sus respuestas son incorrectas o cuándo son convincentes. Entonces, ¿cómo puede esta herramienta poderosa servirte? Bueno, puede ayudarte a realizar resúmenes, redacciones, correcciones de textos y parafraseos, codificación y depuración de códigos de programación, mejorar los *chatbots* de atención clásicos, generar guiones de comerciales, redactar blogs y muchas otras tareas más.

La relevancia de la IA en los negocios

A medida que exploras el mundo de la inteligencia artificial y su relación con los negocios, te das cuenta de que su impacto seguirá creciendo con el tiempo. Cuando revisas un estudio realizado por la consultora McKinsey,[64] te sorprende ver que aproximadamente el 70% de las empresas adoptarán al menos un tipo de tecnología relacionada con la inteligencia artificial para el 2030 y algo menos del 50% de las grandes compañías creen que utilizarán todas estas tecnologías disponibles en su organización. En términos de impacto económico, este estudio sugiere que su adopción podría aumentar el Producto Interno Bruto global en más del 1% por año, ¡un impacto significativo!

Mientras sigues investigando, descubres que hay organizaciones convencidas de que la innovación mediante la implementación de iniciativas relacionadas con la inteligencia artificial incrementará su competitividad. Por ejemplo, innovar con nuevos procesos parece mejorar la capacidad para competir tanto con rivales nuevos como existentes. Además, las organizaciones que afirman utilizar inteligencia artificial para explorar nuevas formas de crear valor consideran que tendrán 2.5 veces más probabilidades de defenderse de la competencia y 2.7 veces más de aprovechar oportunidades en industrias adyacentes.[65]

Si se estima que el impacto de la inteligencia artificial será tan grande, podrías preguntarte por qué las empresas no han adoptado masivamente tecnologías relacionadas con ella. Primero, es importante comprender sus implicancias. Menos del 20% de las organizaciones en Latinoamérica[66] entiende completamente sus alcances, siendo los aspectos más técnicos, como los procesos y los datos necesarios para comprender los algoritmos, o el tiempo necesario para el desarrollo de productos y servicios basados en esta tecnología, los más difusos. Ahora bien, solo un tercio de las organizaciones consideradas como las más avanzadas tecnológicamente tienen un nivel de entendimiento superior, a diferencia de las más rezagadas, que prácticamente no entienden mucho de qué se trata.

En cuanto a las razones para no adoptar tecnologías relacionadas con la inteligencia artificial, los principales motivos de las empresas latinoamericanas van más allá de las razones puramente técnicas, e incluyen temas relacionados con el comportamiento organizacional y sus derivadas. Por el lado de las organizaciones consideradas pioneras tecnológicamente, la mayor barrera de adopción tiene que ver con la atracción, adquisición y desarrollo del talento humano adecuado, y en segundo lugar, la resistencia cultural. Como puedes ver, estas empresas tienen resueltos en gran medida los desafíos tecnológicos y su problema de adopción radica principalmente en las personas. Por otro lado, al observar a las organizaciones latinoamericanas consideradas pasivas, te das cuenta de que las barreras de adopción son distintas. En primer lugar, aparecen con gran fuerza sus capacidades tecnológicas, que ellos consideran nulas o limitadas. Esto podría parecer obvio, ya que estas organizaciones están en un estado más primario y aún no han abordado la implementación de iniciativas relacionadas con la inteligencia artificial. En segundo lugar, se encuentra la falta de liderazgo para llevar a cabo estas iniciativas, lo cual concuerda perfectamente con el hecho de que aún no han adoptado prácticamente ninguna y no tienen mayor entendimiento de lo que significa.

Alineando la estrategia empresarial IA

Al reflexionar sobre la importancia de contar con una estrategia relacionada con la inteligencia artificial, te darás cuenta de que el 70% de las organizaciones latinoamericanas considera urgente desarrollar dicha estrategia. Sin embargo, menos del 40% afirma tener una en marcha formalmente.[67] Para alinear las iniciativas de inteligencia artificial con la estrategia, es necesario que te enfoques en mirar hacia atrás desde la estrategia y no hacia adelante desde la IA. ¿Qué implica esto?

Jeroen Tas, director de innovación y estrategia de Philips. com, puede ofrecerte algunas ideas.[68] Él sostiene que la inteligencia artificial se tiene que integrar en la estrategia corporativa trabajando hacia atrás, es decir, tratando de identificar cómo impactar positivamente a los clientes mediante su uso. En lugar de comenzar con las diversas tecnologías basadas en ella y buscar dónde pueden respaldar la estrategia, es preferible encontrar áreas en las que la estrategia necesita apoyo y luego buscar la mejor manera de brindarlo. Philips se centra específicamente en cómo la inteligencia artificial puede ofrecer mejores experiencias al consumidor, mejores resultados de salud y la mejor experiencia para los proveedores de atención médica al menor costo posible. Adoptar este enfoque puede ayudarte a repensar sus efectos en los modelos comerciales, en lugar de enfocarte solo en proyectos o iniciativas con impactos inciertos, o meramente pensando solo en la tecnología.

Recomendaciones

Estamos presenciando una revolución en el mundo de la tecnología y es hora de comprender cómo esta transformación está cambiando el panorama de los negocios y la economía. La clave para mantenerse a la vanguardia en esta nueva era digital no es simplemente adoptar tecnologías, sino integrarlas de manera efectiva y estratégica, aprovechando su potencial para crear experiencias y soluciones innovadoras. La web 3.0 ha traído descentralización, modelos de plataforma, personalización y *metaverso*, junto con las tecnologías SMACIT, que han sido fundamentales para la digitalización de muchas industrias. Pero el verdadero éxito radica en la integración de estas tecnologías, en la conexión de productos, servicios y capacidades comerciales para crear experiencias fluidas y significativas para nuestros clientes y socios.

Por otro lado, a medida que avanzas en esta emocionante

era, debes prestar atención a las ocho tecnologías esenciales: inteligencia artificial, registros electrónicos distribuidos, internet de las cosas, drones, robots, impresoras 3D, realidad aumentada y realidad virtual. Estas tecnologías están transformando la forma en que haces negocios y, cuando se combinan, dan vida a seis tendencias clave que te pueden brindar ventajas competitivas inigualables: confianza automatizada, realidad extendida, interfaces inmersivas, automatización laboral, gemelos digitales y redes hiperconectadas.

En el corazón de esta revolución se encuentra la inteligencia artificial, que está destinada a tener un impacto exponencial en los negocios de aquí en adelante. Es más, con la adopción masiva de tecnologías basadas en ella debes esperar aumento significativo en el Producto Geográfico Bruto global, ¡más de un 1% anual!

Entonces, ¿qué significa todo esto para ti y tu negocio? En primer lugar, es crucial reconocer que la adopción de tecnologías digitales por sí sola no garantiza el éxito. La verdadera ventaja competitiva provendrá de la integración efectiva de estas tecnologías y la adopción de las tendencias clave derivadas de ellas. En segundo lugar, es fundamental que estés preparado y adoptar decididamente tecnologías basadas en la inteligencia artificial, ya que su impacto en los negocios será cada vez mayor. Aquellos que se adapten y la adopten estarán en una posición ventajosa para enfrentar los desafíos y aprovechar las oportunidades que presenta esta nueva y brillante era digital.

CAPÍTULO 6
EL *CÓMO:* EXPERIMENTACIÓN PARA LA TOMA DE DECISIONES

Estás a punto de entrar en un apasionante viaje de experimentación y descubrimiento, donde aprenderás cómo la transformación digital puede mejorar tu negocio al tomar decisiones informadas basadas en datos y pruebas rigurosas, con lo que te contestarás la segunda parte del *cómo*, dentro del ciclo de transformación digital. A lo largo de este viaje, explorarás los diferentes tipos de experimentos, desde los que evalúan el desempeño de tus productos o servicios actuales hasta los que ponen a prueba prototipos en bruto o maquetas de futuras innovaciones. Te guiaré por el mundo de los experimentos convergentes, donde buscarás una única solución correcta a través de avances específicos y coherentes, así como por los experimentos divergentes, que te llevarán a cuestionar el statu quo y a explorar nuevas oportunidades y enfoques para resolver problemas. Juntos, profundizaremos en técnicas útiles como los A/B tests y aprenderemos cómo aplicarlos en tu negocio. A lo largo de este viaje, te enfrentarás al desafío de decidir qué tipo de experimento es el más adecuado para tu situación. La respuesta a esta pregunta puede sorprenderte, pero no te preocupes, estoy aquí para guiarte en cada paso del proceso. Y para inspirarte, te mostraré casos reales de empresas como Netflix e Instacart, que han utilizado la experimentación para perfeccionar sus sistemas y procesos, manteniendo a sus clientes enganchados, optimizando sus operaciones.

Diferentes tipos de experimentos

La experimentación esta el corazón de la innovación y también de la transformación digital. Sin embargo, es importante reconocer que no todos los experimentos son iguales. En un caso, te puedes encontrar con experimentos enfocados en probar el desempeño de un producto o servicio actual, o un prototipo, ajustándolo y observando los resultados. En otras palabras, midiendo la respuesta del mercado a su rendimiento de manera estadística. Por otro lado, están los experimentos diseñados para evaluar prototipos en bruto o maquetas de lo que podría convertirse en un producto o servicio, sin pruebas realmente científicas, centrándose más en la viabilidad o usabilidad general. El enfoque de ambos tipos de experimentos difiere: mientras que en el primer caso buscas mejoras incrementales en algo ya conocido, en el segundo tipo de experimento, a menudo aspiras a desarrollar algo completamente nuevo.

Ahora, echemos un vistazo a un par de ejemplos para ilustrar de mejor estas diferencias y entender cómo se aplican en la práctica.

Microsoft y la experimentación constante

Para Microsoft.com la experimentación se convierte en un pilar fundamental para perfeccionar sus productos. Su famosa Plataforma de Experimentación (ExP) es una herramienta esencial para los equipos de desarrollo, quienes llevan a cabo miles de pruebas cada mes. Con la colaboración de más de 60 científicos de datos, ingenieros de *software* y administradores de programas, la innovación se acelera gracias a la experimentación. Productos estrella como Bing, Cortana, Exchange, Office, Teams, Windows y Xbox recurren a esta plataforma para realizar constantemente experimentos controlados en línea.[69] De este modo, Microsoft logra priorizar el impacto de sus inversiones de manera efectiva, equilibrando sus objetivos a largo plazo con el valioso *feedback* de sus clientes.

Piensa en un momento de cambio global, como la pandemia del covid-19. Durante ese período, la vida de muchas personas cambió drásticamente, ya fuera por la pérdida de empleos, la reducción de horas de trabajo o el inicio del trabajo o estudio desde casa. Este cambio en las rutinas también afectó la forma en que los usuarios interactuaban con productos y servicios. Fue entonces cuando Microsoft detectó una disminución en las descargas de su aplicación de autenticación Authenticator. Para descubrir las posibles causas, el equipo de Azure Identity llevó a cabo una serie de pruebas, explorando si las modificaciones en el diseño del llamado a la acción en la página web influirían en las descargas. Al poner en marcha las pruebas, se dieron cuenta de que las diferentes versiones de la página no eran las responsables de la disminución en las descargas. El compromiso de los usuarios con la variante anterior y la nueva se degradaba al mismo ritmo, lo que indicaba que la diferencia entre ambos grupos era indistinguible de cero y, por lo tanto, no era la causa de la caída en las descargas.[70] Este enfoque se conoce como A/B *testing*, un tema que merece un análisis más profundo, y que repasaremos un poco más adelante.

Intuit en la búsqueda de nuevos desafíos

En la empresa de *software* de contabilidad Intuit.com, la experimentación adopta un enfoque diferente y fascinante. Hace algunos años, su fundador, Scott Cook, decidió que la empresa necesitaba ser más innovadora y, siguiendo el modelo de Google, alentó a sus colaboradores a dedicar el 10% de su tiempo a proyectos no estructurados.[71] Así nació el programa Design for Delight (D4D), basado en la empatía con el cliente, la generación de ideas y la experimentación, proporcionando un marco común para la creación de nuevos productos en toda la empresa.[72] Dentro de este contexto, surgió la innovadora *startup* Fasal.co, basada en servicios de mensajería SMS que conectaría a miles de agricultores indios con compradores potenciales, ofreciendo información de mercado en tiempo real. El sistema fue un éxito rotundo, llegando a más de un millón y medio de usuarios. Es importante destacar que alrededor del 70% de la economía de la India está ligada a la agricultura, pero sufre de un grave problema de información. Los agricultores no saben cómo obtener el mejor precio por sus productos, a qué mercados acudir ni cuándo. Este fue el motivo de la creación de Fasal.

Para encontrar una solución al problema, el equipo de Fasal se sumergió en la vida de los agricultores, acompañándolos en sus trabajos y viajes a los mercados locales llamados *mandi*. Después, se reunieron en sesiones de *brainstorming* en busca de soluciones. Entre las ideas propuestas, se pensó en crear una aplicación tipo eBay.com, proporcionar un sistema de información y un sistema de mensajería por voz. Sin embargo, ninguna de estas opciones resultó ser la solución ideal.[73]

Entonces, apareció la solución más viable y sencilla: utilizar teléfonos móviles con SMS. Los agricultores se registrarían llamando a un número gratuito, y un agente de Fasal capturaría la información. Intuit planeaba ofrecer una aproximación del suministro para luego conectar a los agricultores con un comprador o agente *mandi* que pagaría un precio justo. Para probar esta solución, en lugar de construir una infraestructura completa, desarrollaron un prototipo manual. Un grupo de 15 agricultores aceptó recibir alertas de precios por SMS, mientras que otros miembros del equipo simulaban voces automatizadas con diversos guiones telefónicos.[74] Además, un tercer grupo visitaba regularmente los mercados para recopilar precios de algunos agentes que también participaban en el experimento. Después de algunas semanas de pruebas, el modelo fue adoptado por agricultores y agentes en sus actividades diarias. En menos de dos meses, crearon un producto que, a través de algoritmos y automatización, logró aumentar los ingresos de los agricultores entre un 15 y un 20%.[75] Esta es una clara demostración de cómo la experimentación y la empatía te pueden conducir a soluciones sorprendentes e impactantes en el mundo real.

Converger o divergir... ese es el dilema

¿Cuáles son las diferencias clave entre estos dos ejemplos? Bueno, en el caso de Microsoft, estás lidiando principalmente con experimentos basados en el pensamiento convergente. Por otro lado, en el caso de Intuit, lo más destacado fue considerar varias ideas, analizarlas y probarlas, pero más a nivel de factibilidad, es decir, utilizando el pensamiento divergente. Estos dos términos fueron acuñados por primera vez por el psicólogo J.P. Guilford[76] y pueden servirte mucho para definir los tipos de experimentos que puedes llevar a cabo.

El pensamiento convergente se enfoca en encontrar una única solución correcta para resolver cualquier problema mediante un conjunto de avances específicos y coherentes. En el concepto del pensamiento convergente, las respuestas son correctas o incorrectas, sin ambigüedad en el medio. En otras palabras, este tipo de pensamiento reduce las opciones al examinar posibles alternativas. Por otro lado, el pensamiento divergente implica comprender cada factor detrás de un problema específico que enfrenta tu empresa. Se trata de encontrar nuevas oportunidades y formas de resolver problemas o cualquier cosa que desafíe el statu quo de la empresa. Por lo general, este tipo de pensamiento es beneficioso, ya que inspira y motiva a los colaboradores a compartir sus puntos de vista para abordar los problemas, tomando múltiples perspectivas para estudiar posibles soluciones.[77]

Ambos tipos de pensamiento pueden ayudarte a realizar tus experimentos, y muchas veces son necesarios y complementarios. Ahora, veamos cómo poner en práctica cada uno de ellos. Para hacerlo, nos basaremos en las recomendaciones del académico David Rogers.[78]

Experimentos convergentes

Este tipo de experimentos resultan extremadamente valiosos cuando estás innovando en productos, servicios o procesos existentes; optimizando y mejorándolos continuamente; o comparando nuevas versiones. Algunos pueden llevarse a cabo en solo unas horas, como probar la tasa de apertura con distintos asuntos en una campaña de *email marketing*, o en más tiempo, como cambiar el proceso de atención en una tienda. Lo crucial en este tipo de experimentos es comprobar la causalidad, es decir, verificar tu hipótesis inicial: si realizas una acción específica, ¿cuál es la consecuencia? Si modificas el diseño de tu página web, ¿atraerás más visitantes?

Los A/B tests son un tipo de experimentos convergentes tremendamente útiles que, en su forma más básica, consisten en comparar dos versiones de algo para determinar cuál funciona mejor. Por ejemplo, podría tratarse del efecto del tamaño de un botón de suscripción en un sitio web. En este caso, digamos que la métrica sería la cantidad de visitantes que hacen clic en el botón. Para llevar a cabo el test, presentas a dos grupos de usuarios, asignados al azar cuando visitan el sitio, las diferentes versiones de los botones, donde la única diferencia es el tamaño. Al concluir el experimento, debes preguntarte: ¿qué tamaño de botón provocó que más visitantes hicieran clic?[79]

Entre los pasos más relevantes de todo experimento convergente, debes considerar definir el problema a resolver y las variables a tener en cuenta. Luego, elegir la muestra, aleatorizar y valida su tamaño. Después, definir el tiempo que tomarás en realizar el experimento, realizar el análisis correspondiente de los resultados y, finalmente, tomar la decisión de qué hacer a partir de ellos.

Como viste, el primer paso que debes abordar es definir qué problema quieres resolver y sus variables. En los experimentos convergentes, la pregunta a responder debe ser lo más específica posible, buscando la causalidad: si realizas X, cuál es el impacto en Y, como en el ejemplo del A/B *testing* del botón de suscripción. Después de haber definido el problema a resolver, debes establecer las variables independiente y dependiente de tu experimento. Por un lado, la variable independiente es aquella que manipulas o haces variar dentro del estudio experimental para explorar qué efectos genera. Se llama independiente porque no está influenciada por ninguna otra variable en el estudio. Por otro lado, la variable dependiente es la que cambia como resultado de la manipulación de la variable independiente. Es el resultado que te interesa medir o el efecto, y depende de la variable independiente.[80]

Antes de llevar a cabo tu experimento, debes identificar la población a la cual aplicarás el test, es decir, elegir la muestra, que generalmente puede ser algún segmento de tus clientes o prospectos. Luego, debes asignar aleatoriamente a los miembros de esa muestra ya sea al llamado grupo de prueba o al grupo de control que no recibirá el estímulo u oferta, pero que resulta muy útil, ya que te indicará si hay alguna influencia en tu experimento. Lo más relevante de esta etapa es dividir a ambos grupos de manera aleatoria, sin preferencias.

El siguiente paso, uno que no puedes pasar por alto, es que valides el tamaño de la muestra, esto significa que debes seleccionar la cantidad adecuada de participantes para que tu experimento tenga validez estadística. Esto se basa en factores como la desviación estándar, el tamaño de la población, el nivel de confianza y el margen de error.[81] Ahora bien, cuando nos encontramos con un nivel de confianza del 95%, un margen de error del 5% y un tamaño de población lo suficientemente grande, el número mágico de la muestra es 384 sujetos. ¡Asombroso!, ¿no es cierto? Siempre que puedas, apunta a alcanzar ese número en tus experimentos.

Con el problema bien definido, la muestra seleccionada y su tamaño establecido, ha llegado el momento de sumergirte en el testeo y análisis propiamente tal. Establece el período de tiempo que necesitas para descubrir si las diferencias en las variables dependientes que estás midiendo son estadísticamente significativas. Al examinar los resultados, no te limites solo a los datos de las variables dependientes; ve más allá y busca comprender el porqué detrás de lo que está sucediendo. Esa es la clave para obtener información valiosa y marcar la diferencia.

Después de analizar los resultados, te encontrarás en el punto crucial de tomar decisiones basadas en los hallazgos que has descubierto. Pregúntate si tu experimento ha sido exitoso al resolver tu hipótesis o si ha logrado capturar la oportunidad que se te presentó. Pero, no te detengas ahí. Si has descubierto las mejoras anheladas, es probable que necesites embarcarte en más iteraciones y pruebas adicionales. Es posible que encuentres soluciones aún más efectivas, especialmente en relación con las oportunidades que surgieron durante el proceso del experimento.

Experimentos divergentes

Pasemos ahora a explorar los experimentos divergentes. Como mencionamos, este enfoque es particularmente valioso para innovaciones que, al inicio, no están claramente definidas, como nuevos productos, servicios, procesos organizacionales o de negocios en tu empresa. Por lo general, los proyectos que emplean experimentos divergentes tienden a tener altos niveles de iteraciones y pueden extenderse por meses en algunos casos. David Rogers nos ofrece una guía esencial para abordar estos experimentos divergentes. Primero, define el problema a resolver. Luego, establece ciertos límites en tu experimento. A continuación, debes observar lo que sucede, y crea más de una solución. Construye el llamado prototipo mínimo viable y, finalmente, realiza experimentos de campo para decidir el rumbo a seguir.

Así como en los experimentos convergentes, tu tarea inicial consiste en precisar el problema que aspiras resolver. Enfócate en abordar una necesidad insatisfecha de tus clientes o en capturar oportunidades de mercado que estén alineadas con el propósito de tu organización. Al definir la transformación en términos de un desafío a superar, te estás colocando en los zapatos de tus clientes. De hecho, esto guarda similitud con el enfoque que adoptamos al emplear diagramas de alineamiento, puesto que también nos esforzamos por entregar valor a los clientes, tanto internos como externos. Cuando definas el problema, trata de establecer una meta que sea cuantificable, pero también audaz y expansiva. Toma como ejemplo el proyecto de Fasal.co, que se propuso "mejorar el acceso de los agricultores a la información, incrementando de esta manera su poder de negociación en el mercado".

Estando en el modo experimentación, es fácil dejarse atrapar por la iteración y, a pesar del fracaso, enamorarse de una solución potencial en lugar de probar nuevas alternativas. Aquí es donde debes establecer límites, sean de tiempo, dinero o alcance. Al asignar un tiempo finito al desarrollo de los experimentos y sus etapas clave, puedes decidir si seguir adelante o abandonar la idea. Piensa en los revolucionarios Google Glass. En solo seis meses, Google creó un prototipo de 450 gramos y otros seis meses después, lanzó su primera versión comercial de 75 gramos.[82] Sorprendente, ¿no? Ahora, sobre el dinero, si no fijas un presupuesto, te arriesgas a enfrentar problemas, ya que los gastos pueden salirse de control cuando te apasionas con el proyecto y la reacción de los clientes. Google X, donde se gestó el proyecto de los lentes de Google, perdió unos impactantes 900 millones de dólares.[83] Tal vez para Google no era tanto, pero tú, ¿puedes permitírtelo? Finalmente, en cuanto al alcance, es fundamental definir desde el principio lo que esperas lograr con el proyecto. Esto te proporcionará límites, incluso para las ideas más audaces. Recordemos los lentes de Google: se crearon para mantener a las personas 100% conectadas, pero a los consumidores solo les generó preocupación por su privacidad.[84] ¿Podría haber sido un proyecto más enfocado?

Observar puede proporcionarte los conocimientos que requieres para abordar las siguientes etapas del problema en el que estás trabajando. El propósito de observar debería ser permitirte comprender más a fondo el problema en sí, al mismo tiempo que amplías el espectro de ideas para encontrar soluciones. Lo fundamental es analizar el contexto en el que se desenvuelven tus clientes, con el fin de entender mejor el problema que intentas solucionar. Aprende todo lo que puedas acerca de tus clientes, la naturaleza del problema y el contexto en el que la solución propuesta podría ser viable.

La observación también es útil para explorar nuevas ideas, aprovechando la oportunidad para examinar a tus competidores directos donde otros clientes enfrenten problemas similares. Incluso puedes mirar hacia otras industrias y hacer *benchmarking* con empresas más allá de tu competencia. Al expandir tus horizontes, puedes descubrir enfoques innovadores y generar soluciones que marquen la diferencia. El paso siguiente consiste en generar ideas de soluciones para el problema u oportunidad que has definido en la primera etapa. Aquí, la intuición desempeña un papel crucial al ayudarte a concebir ideas novedosas y sus posibles soluciones. Sin embargo, no es tu tarea evaluarlas; eso es responsabilidad de los clientes. La clave no es cuestionar cómo se generan las ideas, sino enfocarte en concebir más de una que sea viable.

Si has llegado hasta acá es que estás preparado para dar vida a tus ideas a través de los prototipos. Dentro del ecosistema de las *startups,* la creación de Productos Mínimos Viables (PMV) es la norma, como, por ejemplo, una *app* que los clientes puedan empezar a usar de inmediato. Considera el caso de Burbn, una aplicación de *check-in* y recomendaciones de lugares creada hace algunos años por Kevin Systrom y Mike Krieger.[85] Tras probarla en el mercado, descubrieron que su valor residía en compartir fotografías geolocalizadas. ¿El resultado? Nada más y nada menos que Instagram.

Pero, en el ámbito de las organizaciones ya establecidas, el enfoque a menudo se centra en desarrollar Prototipos Mínimos Viables, en lugar de productos totalmente desarrollados o terminados. Si el prototipo inicial muestra algún grado de éxito, la idea es seguir perfeccionándolo mediante iteraciones sucesivas hasta lograr un producto a mayor escala, evolucionando desde una funcionalidad parcial hasta una completamente desarrollada.

Cuando hayas construido ese prototipo mínimo viable de tu brillante idea, es hora de llevarlo al mundo real y enfrentarlo a las pruebas de campo. Aquí es donde la validación del mercado entra en juego. Tu misión es obtener la mayor cantidad de *feedback* posible sobre el prototipo y compararlo con tus suposiciones iniciales. Al decidir cómo y dónde realizar el experimento, es crucial encontrar un entorno que se asemeje al contexto en el que se supone que se utilizará la solución final. También es esencial seleccionar audiencias que sean lo más similares posible a los clientes que esperas que utilicen la versión definitiva del prototipo. Fíjate en lo que hizo PaneraBread.com: enfrentaron enormes congestiones en sus tiendas, con tiempos de espera promedio de 8 minutos por cliente. Iniciaron un proyecto de siete años, replanteándose todas las etapas de ordenar, preparar y servir comidas, y remodelaron una y otra vez un local cerca de Boston como prototipo. Al final, sus esfuerzos valieron la pena, ya que redujeron los tiempos de espera e innovaron en la atención al cliente con la implementación de quioscos digitales de autoatención.[86] Antes de lanzarte a las pruebas de campo, identifica los supuestos que intentas validar. Incluye las suposiciones de valor para el cliente: ¿apreciarán la solución? ¿La usarán? ¿Cuánto estarán dispuestos a pagar? ¿Quiénes se adaptarán mejor? ¿Qué valor adicional seguirán buscando? ¿Qué aspectos no consideraron necesarios? Además, analiza las suposiciones del modelo de negocio: ¿cómo construirás tu oferta? ¿Cuánto te costará?

Una vez que hayas finalizado cada experimento con tu prototipo mínimo viable, te encontrarás en un punto de inflexión donde deberás tomar decisiones importantes. Para las *startups*, la decisión suele ser girar o perseverar,[87] es decir, explorar nuevos enfoques o seguir probando la misma solución, asumiendo que tus esfuerzos continuarán hasta agotar tu capital. En el caso de un experimento, no es tan extremo, pero demuestra que, a menudo, persistirás en probar tu solución hasta el final. En el caso de los negocios establecidos, Rogers sugiere las siguientes opciones: proceder si los experimentos de campo han validado tus ideas; girar si las pruebas de campo han encontrado problemas, lo que significa ajustar tu idea inicial basándote en lo aprendido durante los experimentos o buscar otra solución; prepararse para el lanzamiento si has concluido satisfactoriamente el proceso de prototipado y validado completamente tus supuestos, entonces es momento de prepararte para entrar al mercado. La última opción, a menudo evitada, es *tirar del enchufe*. Esto sucede cuando has probado todas las posibles soluciones sin obtener resultados positivos, o has alcanzado los límites de tiempo, dinero o alcance. En este caso, es necesario detenerse y reflexionar sobre lo aprendido, quizás para abordar un ciclo diferente en el futuro.

Resolviendo el dilema de converger o divergir

¿Me imagino que a estas alturas te estás preguntado cuándo usar experimentos divergentes o convergentes? ¡No te preocupes! En el cambiante y exigente mundo de los negocios, es posible que te enfrentes a esta pregunta más de una vez. Pero aquí tienes una perspectiva interesante: combinar ambos tipos de experimentos es la clave para maximizar tus oportunidades. Al principio estás en la búsqueda inicial de soluciones a un problema. Podrías comenzar con experimentos divergentes, donde exploras múltiples ideas y pruebas en el mercado, buscando esa valiosa retroalimentación. Fíjate en el caso de Fasal de Intuit: ¡qué emocionante es ver cómo evoluciona una idea! Ahora bien, una vez que tengas un prototipo rudimentario con altos niveles de aceptación, podrías darle un toque mágico y convertirlo en un producto mínimo viable. ¡Es el momento perfecto para realizar experimentos convergentes! Estos te permitirán buscar pruebas más científicas de su aceptación. Piensa en el caso de Burnb y cómo, gracias a este enfoque, se transformó en la mundialmente conocida Instagram.

Ahora veremos dos casos extraordinarios donde la experimentación es el pilar fundamental de su éxito: Netflix. com e Instacart.com. Ambas empresas han demostrado cómo abrazar la experimentación puede marcar la diferencia y llevar a la cima en sus respectivos mercados.

Lecciones de Netflix y sus A/B *testings*

Ya lleva un tiempo que te enfrentas a la explosión de la televisión multiplataforma, lo que ha desencadenado la llamada guerra del *streaming*.[88] No es solo Netflix.com en la batalla; también están PrimeVideo.com, TV.apple.com, HBOMax.com, DisneyPlus.com y Hulu.com, entre muchos otros, compitiendo codo a codo por prácticamente los mismos suscriptores. Todas estas empresas de entretenimiento están apostando a ofertas abundantes, precios atractivos y gran cantidad de publicidad para persuadirte de agregarlos a tu lista de aplicaciones favoritas.

En este contexto, la innovación es crucial. La batalla no solo se libra por tener los contenidos más atractivos, variados, actualizados y exclusivos, sino también por la optimización de sus sistemas propios. Aquí es donde los sistemas de recomendación se convierten en un pilar clave para sobrevivir, ya que su objetivo es ayudarte a encontrar los videos que disfrutarás. En el caso de Netflix, su sistema de recomendación no es un solo algoritmo, sino una colección de algoritmos diseñados para diferentes casos o situaciones. Pero Netflix no es la única empresa que utiliza motores de recomendación; plataformas web como Amazon, LinkedIn, Spotify, Instagram, YouTube y muchas otras también emplean motores de recomendación para predecir las preferencias de sus usuarios e impulsar sus negocios. En cuanto al video *streaming*, parece que Netflix aún tiene el motor de recomendación más exitoso, pero esto no garantiza que siga siendo el líder. Las otras plataformas están pisándoles los talones, acortando la distancia constantemente.[89]

Cómo Netflix mejora su performance con la experimentación

¡Acompáñame en este recorrido! Descubramos cómo, mediante una serie de experimentos, el sistema de recomendación de Netflix ha evolucionado para mantener a sus suscriptores pegados a la pantalla. Imagina que un usuario promedio comienza a buscar contenido y, al revisar entre 10 y 20 títulos en solo 90 segundos, ¡pierde el interés! Si no encuentra algo que le atrape, es probable que se aleje del servicio, desconectándose.[90] El desafío del sistema de recomendación es lograr que cada miembro halle algo fascinante para ver y que, además, comprenda por qué le resultará interesante. ¡La clave está en predecir las estrellas que una persona asignaría a una experiencia! Recordemos cuando esto se hacía con los DVD enviados por correo. Ahora, en cambio, el destino de la experiencia del cliente está en manos de algoritmos que trabajan juntos para definir colectivamente qué es lo más atractivo para cada usuario. ¡Una verdadera aventura en el mundo de las recomendaciones!

Dentro de Netflix una serie de algoritmos trabajan en equipo para ofrecerte una experiencia inolvidable. Uno de estos genios es el Ranking de Video Personalizado (RVP), que se encarga de organizar el catálogo de películas y series adaptado a tus gustos y preferencias. Pero no está solo, el clasificador Top N se enfoca en lo más destacado del ranking, mientras otros algoritmos como continuar viendo, videos similares, más populares y tendencias se esfuerzan por mantenerte enganchado a la pantalla. Además, existe el algoritmo de generación de páginas que, como un director de orquesta, aprovecha la información de todos los algoritmos mencionados para diseñar cada página de recomendaciones, teniendo en cuenta la relevancia y la diversidad de contenidos.

Pero hay más, los algoritmos de selección de evidencias colaboran con los de recomendación para moldear tu experiencia y determinar qué contenido es perfecto para ti. Estos algoritmos seleccionan la información que se muestra en la parte superior izquierda de la página, como la sinopsis, premios, actores y otros metadatos. ¿Una película ganó un Oscar? ¿O tal vez es similar a un video que viste recientemente? Ellos toman la decisión. Incluso eligen la imagen que mejor respalda una recomendación dada. Asombrosamente, las recomendaciones influyen en el 80% de las elecciones, mientras que el 20% restante proviene de búsquedas que también cuentan con su propio conjunto de algoritmos.[91] ¡Así es como Netflix crea una aventura cinematográfica única y personalizada para cada usuario!

El poder de los datos en manos de Netflix

Gracias al sistema de recomendación, encuentras algo interesante en pocos segundos, evitando la tentación de abandonar el servicio. La generación de valor a través de los datos demuestra que este sistema de recomendación aumenta la cantidad de videos vistos en comparación con uno no personalizado. Un indicador que vale la pena mencionar es el tamaño efectivo del catálogo, que revela cuán diversa es la visualización. Al aplicarlo a las películas mejor clasificadas, este indicador se cuadruplica, lo que indica que el sistema de recomendaciones es más eficaz para aumentar las visualizaciones que simplemente ampliar el catálogo. Además, cuando se elaboran y utilizan correctamente, las recomendaciones generan aumentos significativos en el compromiso general con el producto (por ejemplo, horas de conexión) y menores tasas de cancelación de suscripciones.[92] Para que te hagas una idea de la importancia de las recomendaciones en las plataformas de video *streaming*, la mayoría de los consumidores a nivel mundial expresaron que les gustaría poder trasladar su perfil de un servicio a otro para personalizar mejor el contenido. Sorprendentemente, más del 50% estaría encantado de permitir que estas compañías conozcan más sobre ellos para ofrecer recomendaciones más relevantes y personalizadas.[93]

Netflix aprovecha los A/B tests

En la búsqueda de las métricas perfectas, finalmente era su propio sistema de suscripción el que tenía la clave. Comprenden que los ingresos generados son proporcionales al número de suscriptores, y que tres procesos afectaban directamente ese número: la adquisición de nuevos miembros, la tasa de cancelación y el regreso de miembros anteriores. Netflix creyó que aumentar la difusión boca a boca les permitiría atraer tanto a nuevos miembros como a antiguos y reducir la tasa de desconexiones, creando un servicio más atractivo al mejorar las recomendaciones personalizadas. Pero, ¡sorpresa! Descubrieron que solo podían medir los cambios producidos en la propia plataforma, ya que no existía una forma confiable de medir el boca a boca para diferentes variantes de sus algoritmos. Entonces, su objetivo principal se centró en analizar el impacto de los cambios en los algoritmos de recomendación para mejorar los índices de retención.

Se dieron cuenta de que mejorar el entusiasmo y compromiso, es decir, el tiempo que los clientes estaban conectados, tenía una estrecha relación con la mejora en la retención. Así que diseñaron experimentos A/B *testing*, como si fueran científicos de datos en un laboratorio de diversión, para comparar el compromiso con Netflix junto con las tasas de cancelación, a través de diferentes variantes en los algoritmos. Específicamente, sus experimentos asignaron al azar a diferentes miembros con distintas experiencias, denominadas celdas, siendo una de control y las otras de prueba.[94] Luego, dejaron que los miembros de cada celda interactuaran con la plataforma durante algunos meses para, finalmente, analizar los datos y responder preguntas intrigantes sobre el comportamiento desde una perspectiva estadística: ¿Los miembros encuentran que la parte del algoritmo que se cambió en relación con el control es más útil?

Por ejemplo, ¿encuentran más películas para ver que las personas pertenecientes al grupo de control? ¿Los miembros en una celda de prueba ven más horas en Netflix que los de control? ¿Es más alta la mediana u otro percentil de horas por miembro durante la prueba en una celda de prueba que en el control? ¿Los miembros en una celda de prueba retienen su suscripción de Netflix más que los miembros en el control? Los resultados mostraron que, cuando una celda de prueba exhibía una clara mejora con respecto a la experiencia actual, los clientes estaban más involucrados con la parte del producto que se modificó, más con Netflix en general y mejorando la tasa de retención. ¡Una verdadera revolución en la experiencia del usuario!

Netflix a la velocidad de la luz

Quizás la escala de tiempo en sus pruebas sea extensa, no como las ágiles campañas de conversión que utilizas en tus campañas de *marketing* digital. Pero no te preocupes, Netflix ha estado trabajando en soluciones. Han subsanado esto al utilizar múltiples muestras contra una celda patrón. En lugar de utilizar solo las variantes A y B, emplean entre 5 y 10. Sin embargo, el verdadero avance en la velocidad se debe al uso de diversos tipos de experimentos basados en datos históricos. Estos experimentos *offline* les permiten probar rápidamente prototipos de algoritmos y eliminar algunos candidatos antes de llevarlos a experimentos reales. Netflix cree que hay mucho espacio para mejorar sus pruebas *offline* y hacerlas tan predictivas como las utilizadas en los usuarios *online*. Una posibilidad es el intercalado basado en A/B *testings* enfocados en los métodos de algoritmos locales, como las tasas de clics. El objetivo es determinar las circunstancias en las que los resultados de estas pruebas se correlacionan bien con las transmisiones de videos y las ganancias en las desconexiones de las pruebas estándar. Otra opción es desarrollar nuevas métricas para los experimentos *offline* que sean más predictivas o estén aún más correlacionadas con las tasas de retención.

Como lección de todo esto, debes tener cuidado en la elección de las muestras y en lo que deseas medir concretamente. Una cosa son las correlaciones y otras son las causalidades. Recuerda lo que dijo el académico de Harvard, Clayton Christensen:[95] el problema fundamental es que las empresas buscan correlaciones en los datos, que no necesariamente son causa y efecto del comportamiento de los clientes. Si bien encontrar patrones en los números puede ser gratificante, no significa que haya una causalidad; más bien, podría ser una simple correlación.

Poniendo turbo en las compras con Instacart

Fundada en San Francisco por un ex-empleado de Amazon, Apoorva Mehta, Instacart.com explotó en ventas durante la pandemia de covid-19, casi duplicándolas.[96] Millones de personas evitaron los supermercados debido a restricciones y confinamientos, impulsando el crecimiento de la compañía y atrayendo inversores. Pero también incitó a la competencia con gigantes como DoorDash.com, Shipt.com y Ubereats.com, creando un mercado altamente competitivo. ¿Cómo puede Instacart destacarse?

Para entender el desafío, primero echemos un vistazo a cómo funciona. Instacart es una mano amiga para hacer compras en tus supermercados y tiendas de comestibles favoritas sin moverte de casa. A través de la *app*, seleccionas los artículos que deseas, eliges la tienda y programas la entrega. Puede ser llevada a tu hogar, entregada en otro momento o recogerla en el supermercado, según tus necesidades. Un *personal shopper* recibe la orden, va al supermercado solicitado y realiza la compra para entregarla en el lugar indicado. Aunque suena fácil, es un proceso altamente complejo. La promesa de valor se basa en entregar los productos deseados en el tiempo comprometido, o incluso antes. ¿Te suena conocido? Claro, muchos hemos probado y adoptado este tipo de servicios en nuestra vida diaria.

Pero, ten en cuenta que la empresa cuenta con miles de tiendas en Norteamérica, un catálogo de medio billón de artículos y un ejército de *personal shoppers*, cada uno con su propia estrategia de búsqueda de productos dentro de la tienda.[97]

Resolviendo el problema de Instacart

Entonces, ¿cuál es el problema que tú, como Instacart, necesitas resolver? Encontrar la forma más eficiente de búsqueda dentro de la tienda para ahorrar el mayor tiempo posible. Eso significa optimizar la compra en el local, el llamado *shopping engineering*. Puedes pensar en este problema como el problema del vendedor viajero, donde necesitas optimizar la ruta para visitar la mayor cantidad de clientes con el menor número de viajes. Aquí, el desafío es encontrar la ruta óptima dentro de la tienda para recoger todos los productos en el menor tiempo posible.

Obviamente, tener los planos de los locales parece un requisito necesario. Has considerado diversas soluciones para obtener estos planos, algunas más creativas que otras. La primera idea fue tener tus propias bodegas y así tener acceso a los planos de cada lugar, pero eso no es lo que Instacart hace. Luego, pensaste que la solución sería pedir a tus *retailers* asociados los planos de las tiendas, es decir, usar los planos reales. Sin embargo, te enfrentaste al problema de que las propias tiendas no los tenían, al menos no en línea, o cambiaban frecuentemente la ubicación de los productos. ¡Pero espera! Tus *personal shoppers* tienen GPS; por lo tanto, pueden recolectar toda la información de su trayectoria, qué ítems compran, en qué lugar, y así podrías comenzar a construir tus propios mapas de cada tienda. Suena interesante y factible, pero ¿será lo óptimo? ¿Y si utilizas toda la data proveniente de tus *personal shoppers* para encontrar otra solución?

Siguiendo el ejemplo de Jeremy Stanley,[98] ex vicepresidente de Data Science de Instacart, te encuentras en una posición única: "Tenemos más densidad en el comportamiento de nuestros usuarios que cualquier otra empresa de comercio electrónico que haya visto. Estamos recién empezando a utilizar esos datos para proporcionar experiencias personalizadas increíblemente valiosas en la búsqueda, en el descubrimiento de productos y en las sugerencias que hacemos a nuestros usuarios. Hacemos A/B *testings* para probar todo y estamos pensando mucho sobre los impactos a largo plazo de nuestros cambios".

Por lo tanto, decides analizar cuál es la solución óptima basándote en los datos y los A/B tests, ejecutando pruebas en las que cada lote, el conjunto de artículos para ser recogidos por un *shopper*, sea asignado al azar a cada uno de los grupos de clasificación de la lista. El primer grupo es el de control, donde los departamentos se ordenan al azar y los artículos de forma alfabética dentro de los departamentos. Luego vienen los humanos, que ordenan los pasillos utilizando los planos de las tiendas y también los artículos alfabéticamente dentro de los pasillos. Después está el pvv, la solución para el problema de vendedor viajero que utiliza los planos simplificados a nivel de departamentos, con los artículos ordenados alfabéticamente dentro de los departamentos. Finalmente, está el *deep learning*, arquitectura de aprendizaje profundo que clasifica directamente los elementos en el lote.

Como era de esperar, la primera conclusión es que, a medida que la canasta de compras aumenta en ítems, también lo hace el tiempo promedio de compra. En cuanto a los resultados propiamente tales, el *shopper* de control tiene el peor desempeño, lo cual no sorprende. La solución pvv y las elecciones humanas se desempeñan significativamente mejor, pero estadísticamente no hay diferencias entre ellas. Finalmente, el modelo de *deep learning* vence a todos por un amplio margen: el aumento en la velocidad de selección de este algoritmo es un 50% más alto que el desempeño de las personas que eligen de manera aleatoria la ruta y orden de búsqueda, el grupo de control.

Entonces, ¿por qué el algoritmo de *deep learning* funciona mejor? A pesar de toda la información que maneja Instacart, no eres capaz de generar mapas lo suficientemente ajustados o una guía para recorrer todos los locales con sus artículos identificados, pero lo que sí tienes son miles de datos con las rutas que siguen tus miles de *personal shoppers*. Con ello, puedes aprender de tus mejores compradores, en qué orden eligen los artículos, qué ruta siguen y cuánto se demoran. Así, Instacart, a través de los datos y con la suficiente cantidad de compradores y locales, logra entender y predecir las rutas óptimas de los mejores *shoppers*, es decir, las más rápidas, que además incluyen otros objetivos de optimización, como no elegir helados al principio de la compra, o quizás algún artículo muy pesado o el pan recién horneado, dejándolos para el final.

Así es como Instacart comenzó a aprender de sus mejores *shoppers* y crear modelos para ordenar las listas de ítems de cada pedido, todo a partir de sus constantes testeos y experimentación.

Instacart se sigue reinventando

Lo interesante de esta experiencia es que la iteración y el testeo, fundamentados en los datos, muestran los componentes cruciales de toda transformación digital. Tu intuición te podría indicar que la mejor solución es tener los planos de cada local. Luego, intentarías inferir los planos a partir de los datos obtenidos de tus *shoppers*, para finalmente darte cuenta de que es mejor aprender cómo compran. Esta conclusión se alcanza mediante la experimentación y el desarrollo de algoritmos basados en el *deep learning*. Actualmente, a medida que se agregan más tiendas, marcas y clientes, tus algoritmos y tecnologías continúan evolucionando. A través de datos y testeos, reentrenas constantemente todos tus modelos una y otra vez para reflejar de mejor manera las nuevas actividades en tu plataforma. Por esto, los datos anónimos de los pedidos y de los *shoppers* se incluyen de manera habitual en este constante circuito de retroalimentación.

Pero esto es solo el comienzo cuando se trata de transformación digital en Instacart. Ahora estás buscando utilizar la gran cantidad de datos recopilados por los *shoppers* para automatizar el proceso de selección. En lugar de enviar personas a comprar a los supermercados, estás considerando emplear robots que seleccionarán y empacarán los artículos desde almacenes oscuros.[99]

Recomendaciones

Hasta este punto has recorrido un interesante camino, aprendiendo diferentes metodologías para abordar tu transformación digital. Ahora es el momento de reflexionar sobre el papel crucial que desempeña la experimentación en este proceso.

Antes las empresas solían enfocarse en los productos finales, dejando las decisiones importantes en manos de la alta gerencia, que se basaba en el análisis y su intuición. Pero en la nueva era digital, es fundamental adoptar un enfoque de innovación diferente, centrado en la experimentación ágil y el aprendizaje continuo. Esto implica identificar problemas u oportunidades, desarrollar, probar y aprender de múltiples soluciones posibles utilizando prototipos mínimos viables y pruebas constantes en todas las etapas del proceso.

Es aquí donde pudiste comprobar que el pensamiento convergente y divergente son claves en juego con los diferentes tipos de experimentos. Los experimentos convergentes son excelentes para que optimices y mejorares productos, servicios o procesos existentes, mientras que los experimentos divergentes son útiles para abordes innovaciones menos definidas al principio, como nuevos productos, servicios o procesos organizacionales. Ambos enfoques te pueden ser valiosos, y tu desafío radica en combinarlos de manera efectiva para aprovechar al máximo la transformación digital que deseas implementar. No tengas miedo de sumergirte en la experimentación y el aprendizaje, y recuerda que en la era digital, el cambio y la adaptación son cruciales para el éxito.

CAPITULO 7
EL *CUÁNTO:* LA IMPORTANCIA DE LOS DATOS

Estás al borde de un cambio revolucionario en tu organización, pero necesitas el combustible adecuado para encender el motor de la transformación digital. Ese combustible, son los datos. En el presente capítulo, explorarás el fascinante mundo de los datos y cómo su análisis puede impulsar la innovación y el rediseño en la creación de servicios y en la mejora constante de la propuesta de valor.

Los datos están presentes en todo el ciclo de la transformación, contestando la pregunta del cuánto. Te guiarán en la identificación y priorización de oportunidades para mejorar la experiencia de nuestros clientes, además, que te ayudarán a definir y cuantificar tus procesos, a especificar soluciones y, por supuesto, durante toda la emocionante etapa de experimentación.

En primer lugar, abordaremos el papel esencial que desempeñan los datos en la toma de decisiones. Te enfrentarás a tres preguntas clave: ¿Qué ha sucedido? ¿Qué podría pasar? ¿Qué debemos hacer? Estas interrogantes te guiarán hacia el corazón mismo de la transformación digital.

Luego, nos adentraremos en el amplio espectro de fuentes de datos disponibles y cómo cada una presenta distintos niveles de profundidad y desafíos para su obtención. Te sorprenderás al descubrir las múltiples fuentes que pueden enriquecer tus análisis y alimentar tu proceso de innovación.

Además, exploraremos las cuatro V del *big data*: volumen, velocidad, variedad y veracidad. Estas dimensiones son cruciales para que cualquier organización saque el máximo provecho de sus datos. También abordaremos el concepto de infraestructura de datos, es decir, los lugares donde se encuentran almacenados y cómo acceder a ellos.

Podrás descubrir qué datos necesitas, dónde obtenerlos, cuáles son sus características y cómo están ubicados. Al final de este recorrido, estarás equipado con el conocimiento necesario para impulsar la transformación digital en tu organización y cambiar el juego a tu favor.

El rol de los datos

Los datos y su meticulosa disección son el latido esencial que impulsa toda revolución digital. En su esencia más pura, los datos te brindan la oportunidad de enfrentar tres dilemas cruciales: lo que ha sucedido, lo que podría suceder y lo que debes emprender. Estas tres preocupaciones pueden ser atendidas mediante el uso de análisis descriptivos, predictivos y prescriptivos, los cuales vamos a sumergirnos en ellos con entusiasmo en los párrafos siguientes.

Análisis descriptivo

Hace un tiempo, la empresa química Dow.com decidió dar un paso audaz y contratar los servicios de Tririga de IBM, un sistema de gestión integrada que optimiza la planificación de todo tipo de instalaciones de manera eficaz. Estaban buscando aumentar la utilización de sus activos y, al mismo tiempo, agregarle un toque futurista al mejorar la planificación del capital, la administración de arrendamientos de bienes raíces, las operaciones, el mantenimiento de las instalaciones y el consumo de energía a nivel mundial. A través del emocionante mundo del análisis descriptivo, Dow logró producir datos confiables para las decisiones que le permitieron identificar los espacios subutilizados, logrando un sorprendente aumento del 20% en el uso de las instalaciones y generando ahorros mediante la consolidación de los espacios.[100]

Si necesitas saber qué sucedió, debes utilizar el análisis descriptivo; los datos descriptivos te ofrecen una imagen del pasado. Al examinar las métricas y los indicadores clave de rendimiento del uso de energía o el mantenimiento de vehículos, por ejemplo, el análisis descriptivo puede generar indicadores de valor como el costo por pie cuadrado, los kilowatts por hora o el tiempo medio entre fallas para problemas de activos específicos, ¡todo un viaje al pasado! Los análisis descriptivos pueden proporcionarte una vista y un contexto completo de lo que ha sucedido al combinar datos de diferentes fuentes, a menudo desconectadas, como si fueran piezas de un rompecabezas. Por lo general, el tipo más común de análisis utilizado por las empresas muestra información desplegada dentro de un informe o vista de tablero llamado *dashboard,* como una ventana al pasado. Por otro lado, la combinación de información puede automatizarse, lo que incluso te permite la posibilidad de emitir algunas alertas cuando surgen problemas potenciales, ¡manteniéndote siempre un paso adelante!

Análisis predictivo

El segundo tipo de análisis de datos que te interesará es el predictivo, el cual te ayuda a responder la pregunta de qué podría pasar. Observa el ejemplo de la empresa japonesa de servicios navieros ClassNK.com. Se dedican a garantizar la seguridad de las personas y las propiedades en el mar, y a la prevención de la contaminación del medio ambiente marino. Recientemente, se asociaron con el líder en el desarrollo de *softwares* marítimos, NAPA, para ofrecer a la naviera Mitsui O.S.K. Lines una solución única para aumentar la seguridad en toda su flota, permitiéndote predecir por adelantado el potencial naufragio de alguno de sus barcos. El sistema de monitoreo combina muchas fuentes de datos, como de posición, profundidad del mar y cartas de navegación, para proporcionar un sistema sólido y preciso para toda la flota, reduciendo así el riesgo de varado. El sistema también proporciona alertas y notificaciones cuidadosamente calculadas para la tripulación a bordo, así como para aquellos en tierra si los barcos operan de manera de alto riesgo, fortaleciendo la conectividad barco-tierra y mejorando el tiempo de respuesta.[101]

El análisis predictivo examina lo que podría suceder en el futuro. Con la ayuda de la inteligencia artificial, el análisis predictivo no solo ha estado creciendo en los últimos años, sino que también se ha vuelto más preciso. Los algoritmos pueden procesar cantidades masivas de datos para crear pronósticos sobre cualquier cosa, desde cuándo un cliente necesitará un nuevo producto hasta qué servicios serán los más populares o cómo contratar personal en un *call center*. Al preguntarte qué podría pasar, el análisis predictivo te proporciona las respuestas que te llevan más allá del uso de datos históricos como base para la toma de decisiones, ya que te ayuda a anticipar escenarios para poder planificar más que simplemente reaccionar a lo que ya ha sucedido.

Utilizando los datos descriptivos acumulados en el tiempo, el análisis predictivo te permite predecir ciertos eventos; sin embargo, no te recomienda qué planes de acción seguir. Se caracteriza por el uso de tendencias de datos de series de tiempo y correlaciones para identificar patrones, utilizando análisis estadísticos y *data mining* para validar suposiciones y testar hipótesis, proporcionándote así una base sólida para que puedas tomar las decisiones más adecuadas.

Análisis prescriptivo

Finalmente, el último tipo de análisis que te fascinará es el prescriptivo. Un ejemplo del uso de este tipo de análisis lo encuentras en los autos autónomos como el Waymo.com de Google o los desarrollados por Tesla, Ford o el propio Apple. Estos autos autónomos analizan el entorno y deciden qué dirección tomar basándose en los datos. Pueden decidir si reducir o disminuir la velocidad, cambiar de carril o no, tomar un desvío largo para evitar el tráfico o preferir rutas más cortas. De esta manera, funcionan como conductores humanos utilizando el análisis de datos a gran escala.

Caracterizado por reglas, restricciones y umbrales, el análisis prescriptivo aprovecha capacidades avanzadas, como la optimización y los modelos matemáticos, para revelar no solo las acciones recomendadas, sino también el motivo por el que se recomiendan, junto con las implicaciones que puedan tener esas acciones. Considera la incertidumbre y te recomienda formas de mitigar los riesgos que puedan resultar de ella, ayudándote a tomar decisiones cuando el entorno de datos es demasiado grande o complejo para ser comprendido, como vimos en el caso de los autos autónomos.

Abordando el misterio de las fuentes de datos

En el vasto mundo de los datos, te enfrentas a una pregunta clave: ¿de dónde pueden provenir los datos que estás utilizando? ¿Los recolectas tú mismo o provienen de terceros? Sumérgete en la diferencia entre datos de primera mano, segunda mano y tercera mano para descubrir cómo cada uno de ellos puede enriquecer tus esfuerzos y brindarte una perspectiva única.

Cuando eres tú quien toma la iniciativa y recolecta los datos, se llaman datos de primera mano. Estos datos son valiosos porque están diseñados para responder las preguntas específicas que te planteas. Imagina que estás tratando de entender cómo se comporta un cliente en su trayectoria de compra; entonces, decides medir las visitas a tu página web, los clics en los anuncios y las ventas generadas. Aunque los datos provienen de diversas fuentes, tú los diriges con un propósito específico. Por otro lado, los datos de segunda mano son los que alguien más ha recopilado, y tú los obtienes comprándolos o a través de una asociación. Estos datos pueden complementar tus esfuerzos al ofrecer una perspectiva más amplia. Por ejemplo, si estás analizando la ruta de compra de tus clientes, tal vez te interese conocer los patrones de compra en una industria diferente, como la de Amazon. Finalmente, los datos de tercera mano son recopilados por agregadores de datos que los adquieren de múltiples fuentes y los organizan para su venta. Empresas como Wordstream. com, por ejemplo, recolectan millones de datos de la web y las redes sociales para ayudarte a orientar tus campañas de *marketing* digital.

Sin ser excluyentes, a continuación, te presento una serie de fuentes de datos que se consideran como las más típicas.

Datos provenientes de las encuestas

Las encuestas siempre han sido una herramienta valiosa en el arsenal empresarial. Sin embargo, es crucial ser consciente de ciertas consideraciones al utilizarlas, principalmente por dos razones. En primer lugar, los avances en el procesamiento de datos han facilitado la comprensión de lo que las personas realmente hacen, en lugar de confiar en lo que creen que hacen. En segundo lugar, las respuestas a las encuestas no siempre se brindan con seriedad que nos gustaría. A veces, las personas las completan de manera descuidada, incluso si las preguntas son claras y sencillas. Además, pueden exagerar ciertos aspectos y ocultar otros, como ingresos, edad y ubicación. A pesar de estos desafíos, no subestimes el valor de las encuestas como fuente de datos. Gracias a los avances digitales, puedes realizar encuestas de manera rápida, eficiente y confiable. Por lo tanto, sigue explorando el potencial de las encuestas y combínalas con otras fuentes de datos para obtener una visión más completa y enriquecedora.

Datos provenientes de las transacciones

Estás en el asiento del conductor, y te encuentras navegando por entre los datos generados por las transacciones. A diferencia de otros tipos de datos, los datos transaccionales te ofrecen una ventana única en el tiempo, mostrándote la evolución de las interacciones y cómo, inevitablemente, su relevancia se desvanece con el paso del tiempo. Estos datos no solo te muestran la información de un producto adquirido o la identidad del cliente, sino que también revelan detalles sobre la hora, el lugar, los precios, los métodos de pago, los valores de descuento y las cantidades relacionadas con esa transacción en particular, todo desde el punto de venta.

Pero espera, hay más. El mundo digital también te brinda valiosos datos transaccionales. Aquí, puedes descubrir visitas a sitios web, *leads*, cotizaciones e interacciones en las redes sociales. Incluso puedes ver todo lo que hacemos dentro de las propias páginas web, gracias a las direcciones IP y las *cookies*. No olvides que las operaciones internas de las empresas también pueden ser una mina de oro de datos transaccionales. Tomemos, por ejemplo, a las compañías de entrega a domicilio. Con la ayuda de códigos de barras, rastreadores de radiofrecuencia RFID y códigos QR, estas empresas pueden conocer la ubicación de cada paquete en tiempo real. A medida que el producto avanza de una etapa a otra, se escanea y actualiza su ubicación. Gigantes como Amazon, las compañías de correo y, por supuesto, Dom, el pequeño rastreador de Domino's Pizza que nos informa cuándo llegará nuestra deliciosa cena, aprovechan al máximo esta tecnología.

Datos provenientes de los sensores

Los sensores, la era de internet y la transmisión inalámbrica de datos han dado lugar al auge de la captura y procesamiento de datos a través de estos dispositivos. Así es como surge el llamado internet de las cosas. Un ejemplo de ello es el servicio que ofrece Amazon con su AWS IoT Analytics, con el cual puedes automatizar todos los pasos necesarios para analizar los datos de diferentes dispositivos, filtrando, transformando y enriqueciendo los datos antes de almacenarlos para su análisis. Este servicio lo puedes configurar para recopilar solo los datos que los dispositivos requieren, aplicar transformaciones matemáticas para procesarlos y enriquecerlos con metadatos específicos, como el tipo y la ubicación del dispositivo antes de almacenarlo.

Toma, por ejemplo, la agricultura inteligente. Los dispositivos pueden enriquecerse con metadatos contextuales que consideren el tiempo, la ubicación, la temperatura, la altitud y otras condiciones ambientales. Gracias a este análisis, es posible crear modelos que generan recomendaciones para que los dispositivos realicen acciones directamente en el campo. Por ejemplo, pueden determinar cuándo regar, ya que los sistemas de riego pueden enriquecer a los sensores de humedad con datos sobre la lluvia, permitiendo un uso más eficiente del agua.[102]

Datos provenientes de las ubicaciones

Así que estás explorando las fuentes de datos provenientes de ubicaciones, y los teléfonos celulares aparecen como una opción común. Funcionan a través de la localización de las torres celulares a las que está conectado el dispositivo, y para lograr esta localización se requiere triangulación, necesitando al menos tres torres. Pero ten en cuenta que el teléfono debe estar realizando una llamada para que esto funcione. Una fuente de datos más precisa y confiable son los GPS, que también funcionan triangulando, pero esta vez a través de satélites. Un ejemplo claro de esto son las aplicaciones de mapas. Seguramente has utilizado el servicio de Google, Waze.com, una aplicación de navegación GPS impulsada por la comunidad, de fácil descarga y uso gratuito. Waze proporciona direcciones en tiempo real que se ajustan sobre la marcha para tener en cuenta varios tipos de obstáculos potenciales. ¿El secreto? Confiar en el poder de las personas para guiar a otros por los caminos correctos. El aporte de los conductores, conocidos como *wazers*, permite que la aplicación alerte sobre elementos importantes, como construcciones, actividad policial, accidentes y, sí, incluso cosas menores a tener en cuenta, como baches o automóviles averiados en el camino.

Datos provenientes de los textos

No cabe duda de que los datos extraídos de los textos son tremendamente útiles como fuente de información. El mundo digital nos brinda un ejemplo evidente al mostrarnos cómo los textos escritos nos orientan con patrones, como las palabras clave en una campaña publicitaria de Google, o un *hashtag* en las redes sociales. Sin embargo, el gran desafío de los textos es su falta de estructura. Puedes encontrarte con enormes cantidades de datos valiosos, pero en forma de correos electrónicos, conversaciones en redes sociales o chats, entre otros. Procesar y organizar estos datos de texto manualmente puede consumir tiempo, resultar tedioso, inexacto y costoso; incluso, a menudo es necesario contratar personal adicional para clasificarlos.

Una solución es utilizar el análisis de texto, una técnica de aprendizaje automático que se emplea para extraer automáticamente información valiosa de datos de texto no estructurados. Imagina que trabajas para una empresa como Walmart.com y deseas saber qué opinan los usuarios acerca de tu servicio de entrega. Has leído algunos comentarios positivos y otros negativos en Twitter, pero cada día se publican cientos de millones de tuits y Walmart recibe miles de menciones en las redes sociales cada mes. ¿Analizarlos todos manualmente? Aquí es donde el análisis de sentimientos entra en juego para categorizar la opinión de un texto determinado. Al examinar las menciones de Walmart en Twitter con un modelo de análisis de sentimientos, puedes categorizar automáticamente las opiniones como positivas, neutrales o negativas. Además, puedes utilizar un analizador de tópicos para comprender las razones detrás de las categorizaciones, como por ejemplo qué aspectos del servicio de entrega de Walmart agradan a los clientes cuando lo mencionan de manera positiva.

Datos provenientes de las imágenes

Indiscutiblemente, extraer información de los datos provenientes de las imágenes se encuentra dentro de los desafíos más complicados con los que te puedes encontrar, ¿cómo podrías procesar datos tan desorganizados? Pero no te preocupes, las herramientas de reconocimiento de imágenes están aquí para echarte una mano, desde descifrar el comportamiento de los clientes y sus intereses, hasta diseñar anuncios personalizados para grupos específicos. Piensa en eventos deportivos y culturales, como los campeonatos mundiales de fútbol, el Super Bowl y sus célebres espectáculos de medio tiempo, o los conciertos de Coldplay y Ariana Grande; todos ellos generan un enorme revuelo en las redes sociales.

Entonces, ¿cómo puedes evaluar su impacto si deseas ir más allá de las simples menciones en los medios digitales?

Aquí es donde entra en juego Synthesio.com, una empresa que despliega capacidades avanzadas de análisis de imágenes, como el reconocimiento de logotipos y la captura de información visual crucial, para revelar datos antes invisibles. Imagina una empresa global de servicios financieros que recurre al reconocimiento de logotipos de Synthesio para medir el alcance de su imagen en la cobertura y debates sobre una importante entrega de premios. A lo largo de la campaña, la plataforma rastrea todas las apariciones del logotipo en las redes sociales, incluso cuando está parcialmente oculto o capturado en condiciones de poca luz, gracias a los algoritmos de aprendizaje automático. Al combinar el reconocimiento de imágenes con el análisis de texto estándar, la empresa descubre que su cobertura es 40 veces mayor que en eventos anteriores.[103]

La dimensión de los datos

Actualmente estas inundado de datos. Cada vez son más las empresas y organizaciones que se enfrentan al reto de gestionar grandes volúmenes de información, y el éxito de su gestión se traduce en un valor agregado. Sin embargo, no todos los datos son iguales, y para que saques el máximo provecho de ellos, es necesario que entiendas las dimensiones del *big data*, especialmente las cuatro V: volumen, velocidad, variedad y veracidad.

La primera V, volumen, se refiere a la cantidad de datos generados. Hoy en día, los datos se generan a una velocidad vertiginosa, y su cantidad no deja de aumentar. Por tanto, es fundamental que las empresas sean capaces de almacenar y analizar sus grandes cantidades de datos para que puedan convertirse en una fuente de valor agregado. Sin embargo, el gran volumen de datos no es suficiente para generar ventajas competitivas o ingresos; para lograrlo, las empresas deben ser capaces de administrarlos adecuadamente. La segunda V, velocidad, es el ritmo con el que los datos fluyen. Los datos provienen de una variedad de fuentes, incluyendo procesos empresariales, maquinaria, redes y las interacciones humanas con elementos como redes sociales, dispositivos móviles o máquinas. El flujo de datos es constante y en tiempo real, lo que puede ayudar a las empresas a tomar decisiones valiosas, generar ventajas competitivas y convertirse en una fuente de ingresos.

La tercera V, variedad, es uno de los mayores desafíos en el uso de los datos. La variedad se refiere a la amplia gama de diferentes tipos de datos que pueden originarse en numerosas fuentes, no solo en sistemas, sino también en dispositivos móviles como *smartphones* o en cualquier aparato conectado a internet. Además, gracias a la popularidad de las redes sociales y otras plataformas en línea, se generan grandes volúmenes de datos no estructurados, como tuits, fotos, videos, publicaciones en redes sociales o comentarios en línea. Todos estos datos pueden ser valiosos, pero su diversidad también hace que su gestión y análisis sean más desafiantes. Finalmente, la veracidad se refiere a la calidad y confiabilidad de los datos. Los datos, independientemente de su volumen o variedad, solo pueden aportarte valor si son precisos y confiables. Para lograrlo, es necesario que los depures, actualices y mantengas su calidad. Al comprender la veracidad de los datos, podrán analizarlos de manera más efectiva y respaldar tu toma de decisiones.

Cuando exploras las diversas fuentes de datos, es imposible ignorar las 4 V. Un ejemplo perfecto de esto es lo que ocurre en el Centro de Medicina Basada en la Evidencia, Cebm.net. Sarah Stevens[104] comparte que, en su trabajo, utilizan bases de datos de registros electrónicos de atención médica que contienen información sobre millones de pacientes recopilados durante varios años, lo que representa volumen. Además, estas bases de datos albergan diferentes tipos de información clínica, como resultados de pruebas y mediciones continuas, diagnósticos codificados y datos de prescripciones, lo que refleja variedad. En el transcurso de su trabajo, también se generan constantemente nuevos datos, lo que demuestra la velocidad. Sin embargo, debido a que se recopilan con propósitos clínicos en lugar de investigativos, estos datos pueden ser menos precisos que aquellos recolectados activamente en estudios tradicionales a medida, lo que ilustra la cuestión de la veracidad. En el centro de medicina, siempre reflexionan sobre cómo pueden utilizar estos datos para llevar a cabo estudios de investigación observacional. De manera similar a los estudios tradicionales de corte transversal, de cohortes y de casos y controles, su importancia es siempre relevante para el centro de medicina.

La arquitectura de los datos

La arquitectura de datos es como un plano que te muestra cómo la tecnología ayuda a manejar la información en tu negocio. Se trata de ver cómo se recopilan, mueven, guardan, usan y protegen los datos. Según Craig Stedman,[105] en el pasado, manejar la información no era tan complicado como lo es ahora. Antes, solo se trabajaba con datos organizados que venían de sistemas de computadoras y se almacenaban en bases de datos especiales. Para analizar esos datos, se usaban almacenes de datos y, a veces, almacenes más pequeños creados para diferentes áreas del negocio. Los datos se procesaban por grupos, utilizando métodos tradicionales para extraer, cambiar y unir la información. Pero desde hace más de 20 años, con la llegada de las tecnologías de *big data*, se empezaron a usar datos desorganizados. Esto hizo que aparecieran las *lagunas de datos*, que guardan la información tal como es, sin cambiarla ni organizarla antes de analizarla. Imagínate que estás creando una orquesta de datos, donde cada instrumento toca una melodía diferente y súper importante para el éxito de tu negocio. Aquí es donde entra una arquitectura de datos bien hecha, que es como el director que ayuda a que todas esas melodías suenen bien juntas, como una sinfonía perfecta.

Pongamos el ejemplo de la empresa de automatización Keboola.com,[106] creando un sistema de integración de datos para una tienda de *e-commerce* de chocolate llamada Sweet Dreams Inc. Cada fuente de datos es un músico talentoso: Shopify.com en las ventas, MySQL llevando el ritmo del inventario, Google, LinkedIn y Facebook creando una melodía de *marketing*, Zendesk.com cuidando las voces de los clientes y Salesforce afinando las relaciones con los minoristas. El desafío es orquestar todos estos músicos talentosos en una actuación armoniosa. Un sistema de integración de datos asume el papel de director, extrayendo lo mejor de cada fuente, afinando los registros duplicados y alineando las inversiones en *marketing*. Al final, todos los datos se unen en una partitura normalizada, como Redshift de AWS.

¿Demasiadas notas para dirigir? No te preocupes por la perfección desde el principio. Comienza por abordar las áreas críticas y avanza gradualmente, como un maestro experimentado que ajusta su orquesta. Identifica las integraciones de datos esenciales que transformarán tus datos en información valiosa y oportuna, y deja que la música de tu negocio alcance nuevas alturas.

Recomendaciones

Piensa en los datos como el latido esencial de toda
revolución digital. Tienes tres dilemas por resolver: lo que
pasó, lo que podría pasar y lo que debes hacer. Para eso, puedes
utilizar los análisis descriptivos, predictivos y prescriptivos.
Viaja al pasado con análisis descriptivos, abraza el futuro con
análisis predictivos y toma decisiones informadas con análisis
prescriptivos. Por otro lado, viste que los datos vienen en tres
sabores: primera mano, segunda mano y tercera mano. Los de
primera mano los recolectas tú mismo, los de segunda mano
provienen de otros, y los de tercera mano son recopilados
por agregadores de datos. Cada uno tiene su magia y puede
enriquecer tus esfuerzos. Eso si, no te ahogues en el océano
de datos; para ello debes entender las cuatro V del *big data*:
volumen, velocidad, variedad y veracidad. El volumen es la
cantidad de datos generados, la velocidad es el ritmo con el
que fluyen, la variedad se refiere a los diferentes tipos de
datos y la veracidad es la calidad y confiabilidad de ellos.
Todos estos elementos son clave para sacarles el máximo
provecho. Finalmente, entendiste que la arquitectura de
datos es como ser el director de orquesta en el mundo de la
información. En el pasado, manejar datos era más fácil, pero
con la llegada de las tecnologías de *big data*, aparecieron las
lagunas de datos que almacenan información desorganizada.
Una arquitectura de datos bien hecha asegura que todas las
melodías en tu orquesta de datos suenen perfectas juntas,
como una sinfonía.

CAPÍTULO 8
PRIORIZACIÓN DE OPORTUNIDADES
DE TRANSFORMACIÓN DIGITAL

Como has visto, en el mundo de la transformación digital, después de encontrar las potenciales soluciones a tu problemas, uno de los mayores desafíos es saber cómo priorizar todas las oportunidades de cambio que se te presentan. Pero, ¿cómo podrías decidir cuál de ellas es más importante y merece ser implementada? ¿Cómo podrías asegurarte de que estás tomando las mejores decisiones en términos de transformación digital? En este capítulo, vas a explorar algunas herramientas que te ayudarán a clasificar y priorizar rápidamente las oportunidades de transformación digital que tienes en frente. Esta misma metodología de priorización también te va a servir como guía en la realización de experimentos para probar la factibilidad de las soluciones y cerciorarse de su impacto. Así que prepárate para descubrir cómo abordar tus proyectos de transformación digital de manera efectiva y tomar decisiones inteligentes en el camino.

Algunos alcances para priorizar

Pensemos en una primera idea para priorizar oportunidades de transformación digital: las herramientas que sugiere el PMBOK, del Project Management Institute.[107] Tienes los clásicos, como valor presente neto (VPN), tasa interna de retorno (TIR), análisis costo–beneficio, retorno sobre la inversión (ROI) y período de recuperación de la inversión, entre otros. Pero, detente un segundo: ¿qué tienen en común todas estas herramientas? La clave está en lo que miden, enfocándose en los resultados financieros esperados. Por supuesto, es necesario tenerlo en cuenta, porque debes saber cuánto te costará un proyecto de transformación digital y cuál será su beneficio monetario. Pero, ¿realmente es adecuado medir el impacto de un proyecto de transformación digital, especialmente en la fase de experimentación o prueba del prototipo, solo a través de su impacto financiero? ¿Será lo más acertado priorizar las soluciones de transformación basándose únicamente en estos parámetros?

Otro enfoque podría ser el ciclo de vida esperado para cada transformación digital, es decir, cuánto tiempo se mantendría vigente cada iniciativa a implementar. Este análisis también tiene sentido, pero quizás debería aplicarse a proyectos más concretos con su respectiva factibilidad. Por ejemplo, si estamos hablando de priorizar los experimentos de un proyecto de transformación digital, tal vez este criterio sea demasiado ambicioso. Después de todo, ¿cómo podríamos saber en esta etapa cuánto tiempo estaría vigente una vez implementado?

La matriz impacto-esfuerzo

Una buena manera para que priorices oportunidades de transformación digital, sobre todo en sus fases iniciales, es con la llamada matriz de impacto-esfuerzo. Esta herramienta de toma de decisiones te guiará para elegir la mejor opción basándose en el impacto y esfuerzo relativo de cada iniciativa. Piensa en el impacto (cuánto te ayudará una opción) en el eje vertical y el esfuerzo (dificultad de implementación) en el eje horizontal. La clave está en medir el impacto en términos de mejorar la experiencia del cliente y/o aumentar la eficiencia del proyecto de transformación digital propuesto. Resulta que el equipo liderado por el investigador Peter Weill[108] ha descubierto que estas dos dimensiones explican la diferencia entre las organizaciones preparadas para el futuro digital y las que no, superando con creces a sus competidores en la industria. Mientras tanto, el esfuerzo es la energía relativa que debes invertir para desarrollar cada iniciativa, y puede medirse en términos de costos, tiempo, dinero, capacidades utilizadas o horas de trabajo, entre otros factores.

La matriz arroja cuatro cuadrantes, como un mapa del tesoro para tus proyectos. Arriba a la izquierda, encontrarás los triunfos rápidos, esos proyectos de alto impacto y bajo esfuerzo que deberías abordar primero. ¡Eso es! Aprovecha esas oportunidades irresistibles. Desplázate hacia la derecha en la parte superior y encontrarás los proyectos mayores, aquellos con retornos valiosos a largo plazo. Son actividades de alto impacto que podrían llevarte tiempo para ejecutar. Pero ten cuidado, no te enfoques solo en estos proyectos y pierdas oportunidades rápidas en el camino.

Ahora, dirígete hacia abajo a la izquierda, y te toparás con los rellenos. Estas tareas requieren poco esfuerzo pero también tienen bajo impacto. Son, en su mayoría, tareas cotidianas de baja importancia. No te preocupes por ellas a menos que tengas tiempo extra y nada mejor en lo que concentrarte. Por último, en la esquina inferior derecha, están los proyectos descartables. Estas actividades consumen mucho tiempo y, sinceramente, los recursos invertidos en ellos podrían gastarse mejor en otras tareas. Así que, en lugar de dejar que estos proyectos te frenen, evítalos y trabaja en cosas más importantes.

Bueno, podrías pensar que todos los cuadrantes deberían ser equivalentes o iguales, pero aquí hay un giro interesante: la falacia de planificación. Se trata de un fenómeno en el que las personas tienden a subestimar el tiempo necesario para completar tareas futuras, a pesar de saber que las tareas anteriores generalmente llevan más tiempo de lo planeado.[109] Así que, a menudo somos demasiado optimistas sobre el tiempo que tomará implementar una tarea, subestimando el tiempo real. Esto nos lleva a darnos cuenta de que nuestras proyecciones a menudo resultan en excesos de tiempo, costos y déficit de beneficios. Lo que esto significa es que el impacto de las iniciativas debería ser un poco menor, y los esfuerzos un poco mayores. Una buena regla a tener en cuenta es que las iniciativas de alto impacto comienzan dentro del 67% más alto, y los bajos esfuerzos solo se consideran en el 33% de las muestras. Así que, en realidad, disminuyen los triunfos rápidos y aumentan los proyectos descartables, como puedes ver en la figura corregida:

MATRIZ DE PRIORIZACIÓN IMPACTO-ESFUERZO

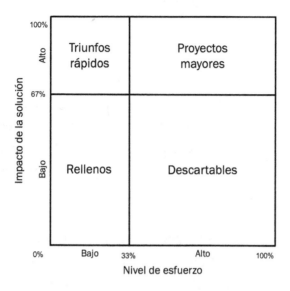

Fuente: Elaboración propia, Martin Meister

Usar la matriz es pan comido. Lo que hacemos es evaluar cada iniciativa de transformación, fijándonos en el impacto en la experiencia de los clientes y/o en la eficiencia operacional por un lado, y en el esfuerzo necesario para llevarlas a cabo por el otro. Ambos se miden en una escala de 0 a 100 y luego los graficamos. Dependiendo de los objetivos que tengamos en mente, el impacto podría ser simplemente el promedio de la experiencia de los clientes y la eficiencia. Pero, si queremos ser más precisos, podemos asignar pesos relativos a cada uno de estos aspectos. Así que, básicamente, ajusta las ponderaciones según tus metas y prioridades, y luego ¡a graficar! Esta matriz te ayudará a obtener una imagen clara de las iniciativas de transformación que realmente valen la pena y aquellas que quizás sea mejor dejar en el tintero.

Criterios para apoyar la selección de oportunidades

Ya con la matriz de impacto-esfuerzo en nuestro maletín de herramientas, podrías preguntarte: ¿Qué otros criterios podrías usar para dar prioridad a proyectos de transformación digital, sus pruebas y prototipos? Vamos a dar un paseo por la experiencia de Mastercard.com en su proceso de digitalización y transformación.[110] La cosa es que no comenzaron con la idea de transformarse de pies a cabeza; más bien, se pusieron a pensar en su negocio, el mercado de procesadores de pagos y cómo, a pesar de sus esfuerzos, siempre vivían a la sombra de VISA. En aquellos tiempos, el sistema financiero se estaba recuperando de la crisis *subprime* y había nuevos actores entrando en el mercado de pagos, como Google, Amazon, Facebook, y empresas emergentes como M-Pesa de Vodafone. com en África, WeChat Pay, Pay.weixin.qq.com y Global. alipay.com de China. Todo esto los llevó a replantearse el futuro y pensar en cómo transformarse, incluso cuando eran una organización muy rentable en su zona cómoda, lo que hace que su caso sea aún más fascinante, ya que aparentemente no necesitaban cambiar todavía.

Ahora dejando por un momento de lado a Mastercard, volvamos a los criterios adicionales para priorizar proyectos. Algunos vienen del sentido común, otros de la experiencia exitosa de organizaciones que se han transformado, y finalmente, de estudios y análisis de consultoras especializadas y centros académicos. Así que, ¿por qué no considerar estos criterios interesantes? Asegurémonos de que el proyecto sea parte del *core* o infraestructura central, que esté listo para ser testeado, que tengamos un liderazgo organizacional alineado, que contemos con datos iniciales y cómo obtenerlos durante los experimentos, y que tener las métricas para medir el éxito. Con estos ingredientes, estarás listos para cocinar una transformación digital deliciosa y exitosa.

Pertenecer a la infraestructura central o *core*

A veces, te encuentras queriendo abordar proyectos llamativos o que resuenan con las necesidades de tus clientes, centrándote en el *front-end*, los productos o los servicios. Pero no olvides que necesitas la infraestructura, el soporte y los procesos adecuados en el *back-end* para llevar a cabo estas oportunidades. Esos proyectos son los que te permiten conectar las nuevas iniciativas con los sistemas existentes y entre sí. De lo contrario, no tiene sentido tener una aplicación o plataforma que mejore la experiencia de compra si tu sistema de registro o facturación no está a la altura. Entonces, ¿qué debes buscar? Una coherencia armónica entre las soluciones *front-end* y el soporte *back-end*. Ahí es donde entra en juego un criterio interesante: considerar si la transformación digital afectará los sistemas centrales de tu organización y probar esa solución con algún experimento asociado.

Volvamos a Mastercard. En su camino de transformación digital, se dieron cuenta de que tenían enormes oportunidades en la interconexión digital de diferentes entidades. Cuanto más conectadas estuvieran digitalmente las industrias, empresas y clientes, más oportunidades surgirían en las intersecciones. Así que se embarcaron en una estrategia de ecosistema adaptativa[111] y comenzaron a desarrollar proyectos en colaboración con socios poco comunes, como Tfl.gov.uk, Whirlpool.com y General Motors. Sin embargo, todas estas iniciativas estaban bastante aisladas. Entonces, iniciaron el proceso llamado Diseño y Desarrollo de Ecosistemas para codificar el proceso de creación de innovaciones compartidas. Esto les permitió abordar múltiples oportunidades comerciales de manera más orgánica, rápida y simple.

Al igual que Mastercard, debes dar prioridad a los proyectos de transformación digital que apunten a tus sistemas centrales, ya que estos potencian a toda la organización y facilitan finalmente el desarrollo del *front-end*. Es importante identificar y diseñar experimentos que te permitan probar los prototipos de mejora, puedes dividir las soluciones en partes más simples y autocontenidas para facilitar las pruebas. Eso si, también debes esforzarte por ver otras iniciativas de alto valor y luego conectarlas para generar aún más valor en el mercado.

Listos para ser testeados

Cuando te enfrentas a la tarea de priorizar oportunidades de transformación, es fundamental elegir aquellas que están listas para ser probadas. Imagina que has pasado por un proceso de preselección y revisión, y tus ideas están en una etapa cercana al prototipado. Pensemos en Mastercard y su iniciativa Labs como un ejemplo de cómo hacerlo. Para mantenerse llenos de ideas, Labs organizaba eventos periódicos como Toma la Iniciativa, una maratón de dos días donde tú y tus colegas podrían desarrollar y probar ideas en torno a un concepto específico. Aquí tendrías acceso a herramientas, recursos y talento para crear prototipos, videos y presentaciones ejecutivas. Las ideas viables recibirían apoyo de Labs y las unidades de negocios. También podrías formar un equipo de Investigación y Desarrollo (I+D) para acelerar la experimentación y convertir las ideas en prototipos.

El programa Embudo de Ideas de Labs también es un ejemplo fantástico de cómo estructurar un proceso creativo que funcione durante todo el año. Imagina que estás generando, probando y desarrollando nuevas ideas en negocios comercialmente viables. Evaluarías cientos de ideas cada año, en función de la oportunidad, singularidad y escalabilidad potencial. Las ideas prometedoras avanzarían a través de tres etapas: Caja Naranja, Caja Roja y Caja Verde.

En la primera etapa, tendrías la oportunidad de explorar tus ideas y pensar como emprendedor. Al llegar a la Caja Naranja, recibirías una tarjeta prepagada de mil dólares para probar tu idea. Si alcanzas la segunda etapa, podrías construir un prototipo y probar la propuesta de valor. En esta etapa, un gerente de cartera de Labs y un ejecutivo patrocinador se harían cargo de tus iniciativas. Recibirías 25 mil dólares para investigar, probar y desarrollar prototipos funcionales. Finalmente, en la etapa de la Caja Verde, crearías productos comercializables a partir de un proyecto de incubación oficial dentro de Labs. Podrías incluso dejar tu trabajo por seis meses para trabajar en el proyecto.

Entonces, ¿cómo saber qué ideas pasarán de una etapa a otra? Simple, Mastercard se preguntaba si resolvía alguna necesidad de los clientes, si eran factibles y si su propuesta de valor era valiosa. Para responder a esas preguntas, como es obvio, la clave era contar con todos los datos necesarios para realizar los diversos experimentos.

Liderazgo organizacional alineado

Vamos a reflexionar un momento. ¿Tenemos líderes adecuados y alineados en todos los niveles de nuestra organización, especialmente en el área donde vamos a implementar la transformación digital y todo el proceso de experimentación para probar nuestra solución?

¿Están en la misma página y comprometidos el directorio, CEO, comité directivo, CIO y colaboradores en cuanto a abordar las oportunidades que las transformaciones digitales pueden brindar? Es crucial que echemos un vistazo a las personas y gerentes que participarán directamente en las iniciativas, ya sea proporcionando datos, dedicando tiempo, recursos o dando autorizaciones.

Recuerda, cuando estamos todos remando en la misma dirección, lograr una transformación digital exitosa se vuelve mucho más factible.

El CEO como sol incandescente

Siguiendo el consejo de Peter Weill[112] del MIT Sloan, tú, como CEO de una organización, tienes tres tareas clave para lograr la transformación: Primero impulsar el deseo de transformación desde arriba hacia abajo, mostrando el compromiso de la organización y la alineación del directorio. Elige a las personas clave para liderar el cambio y crea equipos con objetivos y métricas comunes para medir el éxito. Imagina que llegas a ser el CEO de Mastercard, como lo hizo Ajay Banga, y te encuentras con una actitud relajada en lugar de hambre por los negocios. Entonces, decides crear Labs, una unidad central de innovación respaldada por gerentes de cartera y líderes regionales de innovación.

Lo segundo es difundir la idea de transformación a lo largo y ancho de toda la organización, creando expectativas apoyadas por entrenamiento, empoderamiento e incentivos. Al hacerlo, generarás esfuerzos e ideas desde abajo hacia arriba. Acuérdate de la maratón de ideas Toma la Iniciativa y el Embudo de Ideas con sus tres cajas, como ejemplos de trabajo que buscan generar y capturar buenas ideas dentro y fuera de la empresa, promoviéndolas a través de casos de negocios y comunicación efectiva.

Finalmente, liderar y gestionar la cultura del cambio. La cultura de una organización es difícil de cambiar, y la que llevó a la necesidad de transformación no es la misma para ejecutarla. Sin embargo, no todos los elementos de la cultura actual son inútiles; toma aquellos comportamientos necesarios para el cambio y refuérzalos. Piensa que, como Mastercard, creas el Equipo de gestión de la innovación enfocado en programas y procesos que generan, califican, dan forma y desarrollan oportunidades e ideas de innovación en toda la empresa. A nivel general, aspira a crear una cultura de innovación, tal como en la iniciativa Embudo de Ideas.

El CIO como el gran maestro de orquesta

Estás en una organización en plena transformación, donde claramente el rol de la tecnología y su CIO se vuelven cruciales. El CIO ya no solo se debe ocupar de mantener los sistemas o de obedecer órdenes, debe orquestar todos los cambios. Según Weill, en casi todos los estudios que han llevado a cabo, el CIO juega un papel clave en el proceso de transformación digital, y presenta estas tres características principales: se codea con clientes externos, está obsesionados con la innovación y está profundamente involucrados en los comités ejecutivos.

Vuelve a Mastercard. Para el cargo de CIO pusieron a Ken Moore a cargo de todas las iniciativas y equipos de investigación y desarrollo a nivel global, claro, ¡hablamos del famoso Labs! Su idea se basaba en la siguiente premisa: "Los nuevos negocios eran un resultado secundario; el objetivo principal era crear innovadores, no innovaciones". Moore reconoció que desarrollar la capacidad de la organización para innovar era tan importante como los proyectos en sí mismos.[113]

Colaboradores prendidos

No hay duda de que sin el compromiso de los colaboradores, cualquier proceso de cambio sería imposible, especialmente cuando se trata de experimentar para probar posibles soluciones. Recuerda que las personas ya están ocupadas con sus rutinas diarias; llevar a cabo experimentos puede significar más trabajo, así que deben estar comprometidos y alineados. La transformación brinda una excelente oportunidad para liberar el recurso más valioso de cualquier organización: las personas. Mastercard lo entendió perfectamente al crear todas sus iniciativas para recopilar ideas innovadoras de sus colaboradores, tanto a nivel central como regional. Como mencionamos antes, su Embudo de Ideas recibe cientos de ideas que se pueden prototipar, probar e incluso convertir en productos finales o en una verdadera *start-up* dentro de la empresa, con permisos de hasta seis meses para trabajar en el proyecto seleccionado.

Contar con los datos iniciales y cómo obtenerlos

Escoge una oportunidad de transformación digital para probar, y verás lo crucial que es contar con datos iniciales y saber cómo recolectar información durante los experimentos asociados. Acuérdate de que los datos nos ayudan a responder tres preguntas clave: qué pasó, qué puede pasar y qué debemos hacer. Preparar los datos implica adquirirlos de diversas fuentes y formatos, limpiarlos (quitando o modificando los incorrectos, incompletos, irrelevantes, duplicados o mal formateados) y, finalmente, integrarlos, combinándolos de distintas fuentes en una visión unificada. Así que, antes de zambullirte en un experimento de transformación digital, asegúrate de tener los datos procesados y listos para analizar y recopilar.

Mira a Mastercard, por ejemplo, una organización conocida por basar sus decisiones en el análisis de diversas fuentes y tipos de datos. Tienen más de dos mil consultores, ingenieros de datos y científicos de datos trabajando codo a codo para apoyar a las diferentes áreas, abordando una amplia variedad de problemas, desde la creación de productos hasta la atención al cliente. A medida que Mastercard sigue ampliando sus alianzas impulsadas por la comunidad, se centran en hacer crecer su equipo de ciencia de datos para estar al día con todos sus proyectos. Usan técnicas de campos tan diversos como estadísticas, matemáticas, ciencias de la computación e información para desarrollar algoritmos que les permitan extraer información valiosa de los datos.[114]

Tener las métricas para medir el éxito

Finalmente llegas a la última etapa de cualquier proceso de transformación digital y te preguntas si cuentas con las métricas adecuadas para medir el potencial éxito, especialmente durante la etapa de experimentación de tu prototipo. Una forma de hacerlo es a través de los Indicadores Clave de Rendimiento (KPI). Muchas veces los líderes empresariales de todo el mundo luchan por encontrar un equilibrio viable entre KPI tácticos y estratégicos, operacionales y financieros, y aquellos que capten el momento presente y anticipen el futuro.[115]

Pero, ¿qué es un KPI? Investopedia.com[116] lo define como "un conjunto de medidas cuantificables que una empresa utiliza para evaluar su rendimiento a lo largo del tiempo. Estas métricas se utilizan para determinar el progreso de una empresa en el logro de sus objetivos estratégicos y operativos, y también para comparar las finanzas y el rendimiento de una empresa con otros negocios dentro de su industria". Veamos el ejemplo de Mastercard. ¿Qué métricas se te ocurren para medir el éxito de sus proyectos de transformación digital? Para sus tarjetas de pago sin contacto del TfL, podría ser el ahorro de tiempo de los pasajeros al comprar pasajes o el ahorro en costos de recaudación del TfL. También podría ser la cantidad de transacciones de su aplicación Clothespin o la cantidad de ONG inscritas en su programa de Vouchers Digitales. Podríamos seguir enumerando muchas de ellas, pero antes de generalizar, es importante tener claro que existen múltiples KPIs. Lo esencial es que, primero, se conecten con la solución al problema detectado o la oportunidad de transformación digital y, segundo, midan el rendimiento de la solución propuesta, lo cual, en el caso de probar un prototipo, es todo un desafío.

Tema aparte es que los KPI estén alineados con las necesidades de los clientes. Lo que hace que las empresas líderes destaquen no es la cantidad de métricas que siguen, sino cómo las utilizan para satisfacer mejor a sus clientes y, como resultado, hacer crecer sus negocios. Este enfoque en los clientes implica un cambio hacia medidas que van más allá del embudo de ventas tradicional. Muchas empresas buscan comprender a sus clientes de una forma más holística. El 63% de los encuestados en el estudio señala que ahora utilizan KPI para desarrollar una visión única e integrada del cliente y entender el *customer journey*, cubriendo los puntos de contacto clave donde los clientes interactúan con la organización.[117]

Regresemos al Voucher Digital para la ayuda humanitaria de las ONG. Podrías medir su éxito por la cantidad de ONG que se han unido al sistema y, en consecuencia, el dinero depositado y gestionado en las tarjetas prepagas. Pero si te centras en las necesidades de los clientes, descubrirás que las métricas de éxito podrían ser otras, como la cantidad de alimentos comprados con este sistema a lo largo del tiempo, comparándolo con el sistema tradicional de entrega física. También podría ser la cantidad de transacciones, el porcentaje de éxito en los intentos de compra o la cantidad de comercios donde se puedan utilizar estas tarjetas prepagas. Como vez, métricas que conectan más con las necesidades de los clientes finales.

Recomendaciones

Antes de adentrarte en cualquier proyecto de transformación digital, detente un momento y pregúntate si has probado su viabilidad. De hecho, es conveniente explorar múltiples soluciones viables y ponerlas a prueba. Además, en un nivel más amplio, podrías tener en mente más proyectos en proceso, ya sean de las mismas oportunidades o de otras iniciativas dentro de la organización. Estamos hablando de un portafolio de transformaciones digitales. Así que, dadas estas circunstancias, es fundamental establecer criterios para priorizar y determinar qué experimentos llevar a cabo y en qué orden.

Aquí es donde entra en juego la matriz de impacto-esfuerzo, una herramienta que te permite discernir qué proyectos abordar de inmediato, cuáles darles más vueltas, cuáles posponer y, finalmente, cuáles quizás valga la pena realizar. Esta matriz es muy directa, ya que te permite visualizar las diferentes opciones según el impacto que generarán, tanto en la experiencia del cliente como en la eficiencia de tu operación, y cuánto esfuerzo te tomará desarrollar cada una. Además, no olvides considerar algunos criterios adicionales, sobre todo para tener una idea clara de cómo llevar a cabo las pruebas de viabilidad necesarias para las soluciones propuestas, lo cual es clave para los experimentos de posibles prototipos. Aquí es donde aparecen cinco criterios complementarios: asegurarte de que la transformación propuesta pertenezca a la infraestructura central, que esté lista para ser ejecutada, que cuentes con el liderazgo organizacional adecuado para llevar a cabo las pruebas, que dispongas de los datos iniciales y, lo más importante, cómo recopilarlos a lo largo de los experimentos y, por último, contar con métricas para medir el éxito o fracaso del testeo de la solución potencial.

CAPÍTULO 9
LA RUEDA DE LA TRANSFORMACIÓN
GIRA PARA FORTUNE LTD.

En el mundo empresarial, la compañía Fortune se dedica a apoyar tecnológica y administrativamente a las empresas, para que ellas puedan planificar y organizar sus recursos con el fin de automatizar las tareas y procesos de sus diferentes departamentos. Para lograrlo, cuentan con varios módulos de gestión que, en conjunto, forman los sistemas conocidos como *Enterprise Resource Planning* o ERP. Tienen un montón de módulos enfocados en ventas, *marketing*, finanzas, contabilidad, operaciones, recursos humanos o logística, entre otros. Siempre se han centrado en crear *softwares* adaptables y flexibles a las necesidades de sus clientes, con la opción de escalar en servicios a medida que crecen.

En sus primeros años, tuvieron un crecimiento estable de alrededor del 20% anual, lo que les permitió ir añadiendo gradualmente más módulos y funcionalidades a sus servicios. Sin embargo, cuando llegó la pandemia del covid-19, comenzaron a notar ciertas insatisfacciones de sus clientes en sus procesos comerciales. Las ventas se dispararon casi un 60%, mostrando grandes oportunidades, pero también muchas áreas a mejorar. Así que pensaron que la mejor manera de enfrentar estos desafíos era iniciar un proceso de transformación digital, utilizando la metodología Stage–Gate para la gestión de proyectos. En este caso, pasaron por las seis etapas de la creación de productos y servicios: identificación de oportunidades junto con investigación preliminar, especificación de posibles soluciones y desarrollo del concepto, pruebas y testeo de prototipos, y finalmente el lanzamiento, si es que correspondía. Debido a lo cíclico de este proceso, Fortune lo recorrió en tres ocasiones, lo cual verás completamente en detalle a continuación.

Primer ciclo de transformación para Fortune

Identificación de las oportunidades

Así que, aquí está el panorama: Fortune enfrentaba un problema y necesitaba descubrir oportunidades para mejorar. Nos pusimos manos a la obra mapeando las experiencias de sus clientes, dando un paseo por las diferentes etapas del proceso de comercialización. ¿El objetivo? Entender las acciones de los clientes, los puntos de contacto y cómo reaccionaba la organización.

Descubrimos cinco etapas cruciales en el proceso comercial. Primero, la toma de conciencia, ese momento en el que los clientes potenciales se lanzan en busca de información sobre servicios que les ayuden a automatizar sus procesos internos. Luego, la generación de *leads*, contactos de potenciales clientes que alimenta a los equipos de ventas con prospectos frescos. Al sumergirnos en el proceso de venta, echamos un vistazo a las interacciones clave entre el personal del *call center* y los prospectos. Después, analizamos el proceso de compra, desde la revisión de antecedentes hasta la configuración de los módulos de *software* solicitados. Por último, nos topamos con la habilitación del servicio contratado. Con esta valiosa información en mano, trabajamos en alinear lo que Fortune ofrecía con lo que sus clientes realmente necesitaban. Y créanme, encontramos áreas de mejora en todas partes. En resumen, la clave estaba en abordar las ineficiencias y transformar la experiencia del cliente. ¿Quién dijo que el cambio es fácil? Pero, al menos ahora sabíamos por dónde empezar.

Bueno, al hurgar en este fascinante viaje del cliente, durante la primera parte del alineamiento con sus necesidades, nos dimos cuenta de que las tres últimas etapas generaban sentimientos muy negativos. Los clientes se sentía atascada en los procesos de venta y compra, y bastante frustrada con la habilitación del servicio. El proceso de venta era manual, con demoras y atención inconsistente. El proceso de compra también era manual y lento, pero además estaba plagado de errores en la entrega de información y en la configuración del servicio. Y en la etapa de habilitación del servicio, los clientes se impacientaban esperando que se configuraran y habilitaran los módulos comprados. Sin duda, las oportunidades de mejora estaban en estandarizar y comenzar a automatizar todo el proceso.

Entonces, después de señalar esos momentos de sufrimiento del cliente, pasamos a la segunda parte del alineamiento, recopilando ideas para mejorar cada etapa. Vimos que los procesos manuales provocaban errores y demoras en las últimas tres etapas, así que se propusieron ideas basadas en cambios posibles para mejorar la experiencia del cliente y los puntos de contacto. Para el proceso de ventas, se sugirió crear una ficha electrónica donde los clientes pudieran ingresar directamente todos sus datos, evitando demoras y errores. En cuanto al proceso de compra, se propuso una *app* de autoatención que permitiera a los clientes avanzar sin contratiempos. Y finalmente, en la etapa de habilitación del servicio, la idea era desarrollar un sistema maestro de mantenimiento de módulos ofertados que permitiera automatizar la paquetización de productos.

Al evaluar estas tres ideas en términos de impacto y esfuerzo, vimos que todas generaban un impacto positivo en los clientes, pero no todas eran igualmente factibles o requerían el mismo esfuerzo de implementación. Así que pensamos que comenzar con el proceso de ventas era lo más adecuado, ya que sería más rápido de implementar.

Investigación preliminar

Recordemos que lo que estamos buscando aquí es establecer el alcance de nuestro proyecto inicial, indagando un poco más en esos problemas que detectamos en la búsqueda del alineamiento entre la organización y las necesidades de los clientes. Así que nos pusimos manos a la obra y analizamos el flujo de procesos en la comercialización de los módulos de la empresa, identificando a los protagonistas: los clientes, el sistema CRM (que apoya las transacciones entre clientes y vendedores), el equipo de ventas y, por último, el departamento de operaciones, que se encarga de ingresar, configurar y mantener los diferentes módulos de su oferta.

Buceando en este flujo de comercialización, nos topamos con dos problemas esenciales: uno tenía que ver con la cantidad de operaciones manuales, y el otro con la espera de los clientes, que se dividía en tres partes. La primera demora sucedía porque las ofertas y cotizaciones del equipo de ventas eran manuales y no estandarizadas. La empresa prometía responder en 24 horas hábiles, pero eso no siempre se cumplía, sobre todo cuando llegaba el cierre de mes. Calculamos que solo en el 70% de los casos se cumplía esta promesa. La segunda espera estaba relacionada con el ingreso de antecedentes y datos de los clientes al sistema CRM y la revisión de estos por parte del personal de operaciones; dos procesos manuales propensos a errores. Estimamos que este proceso solía añadir otras 24 horas hábiles. Por último, la tercera espera estaba en el área de operaciones y tenía que ver con la configuración y habilitación de los servicios. Aquí, el tiempo de espera estaba influenciado por los errores previos y requería una gran coordinación, lo que podría llevar otras 48 horas hábiles adicionales.

Además, estudiamos la evolución de los contratos rechazados en los últimos años y descubrimos que habían aumentado bastante, pasando del 0,5% a poco más del 4% en el último año analizado. ¡Eso es casi ocho veces más! Por eso, pensamos que una buena primera solución sería evitar esos errores iniciales y abordar la segunda demora en el flujo, es decir, mejorar el ingreso al sistema CRM de los antecedentes y datos enviados por los clientes y la revisión de estos por parte del personal de operaciones.

Especificación de la solución

Basándonos en lo descubierto durante nuestra investigación preliminar, propusimos agregar una nueva funcionalidad al sistema CRM: una ficha electrónica. La idea era que los clientes pudieran ingresar sus datos directamente en este flujo de trabajo, lo que generaría automáticamente el contrato de servicio. Al hacerlo, también eliminaríamos la necesidad de que el área de operaciones revise los antecedentes, que los clientes completen la ficha físicamente, la escaneen y la envíen, y que la fuerza de ventas tenga que ingresar todos estos datos manualmente. Nuestra hipótesis de trabajo consistía en eliminar esa segunda espera para los clientes y, al mismo tiempo, reducir los errores en la entrada de datos.

Desarrollo del concepto

Al darle vueltas al desarrollo del concepto de solución, nos topamos con un formulario electrónico, nativo del CRM Salesforce.com que ya usaba la empresa. Gracias a Experience Cloud Forms,[118] pudimos diseñar formularios sofisticados pero dinámicos al mismo tiempo. De esta manera, los clientes ingresaban sus datos de forma directa siguiendo una secuencia de pasos en un flujo de trabajo, culminando con la creación del contrato de servicio. Podemos pensar en esta solución como una venta asistida porque, aunque el equipo de ventas seguía teniendo un rol activo en todo el proceso, nuestro objetivo principal era reducir los errores y eliminar la espera del cliente al ingresar datos en el CRM, sin dejar de lado el apoyo del personal de ventas.

Pruebas y testeos

Así que, con el formulario electrónico en mano para recopilar todos los datos necesarios para crear un contrato, nos enfocamos en definir el tipo de experimento para nuestra solución prototipo. Optamos por un experimento convergente, donde la hipótesis era que el cambio a la ficha electrónica nos permitiría reducir los errores en los contratos. Entonces, la variable independiente sería los negocios generados a través de la ficha electrónica, y la variable dependiente, o el resultado a medir, sería la cantidad de errores en la configuración de los servicios, o sea, la cantidad de contratos rechazados por información incorrecta.

Elegimos aleatoriamente el 5% de los módulos para funcionar con el flujo de la ficha electrónica de Salesforce, mientras que el resto de los módulos en modo manual sería el grupo de control. Dejamos el experimento en marcha durante cuatro meses para darle suficiente tiempo de prueba. Nuestro objetivo era reducir los rechazos de contratos en un 50%. Después de los cuatro meses de prueba, descubrimos que ese 5% de los contratos generados a través del proceso de la ficha electrónica redujo los errores en un 60%, confirmando nuestra hipótesis y declarando el piloto exitoso. Pero... surgió otro fenómeno: este proceso asistido aumentó las ventas, y por lo tanto, las comisiones pagadas al equipo de ventas, ya que estaban vinculadas a la cantidad de ventas y de manera exponencial, aumentando el costo promedio de venta en casi un 80%. Esto nos llevó a otro problema u oportunidad. Principalmente, pensamos en dos soluciones: cambiar el sistema de comisiones, con todos los problemas asociados, o pasar a la siguiente etapa, que era crear un sistema de ventas automatizado, sin asistencia humana, es decir, un verdadero *e-commerce*.

Segundo ciclo de transformación para Fortune

Identificación de la oportunidad

Así que, tal como mencionamos en el primer ciclo de transformación digital de Fortune, comenzamos a abordar el problema de los errores, reduciendo la tasa de contratos rechazados. Pero, como suele pasar, surgió otra oportunidad: configurar un sistema de autoatención, aunque, por supuesto, opcional para los clientes, ya que no sabíamos con certeza cómo sería recibido, y nos íbamos a arriesgar a aumentar la insatisfacción, ¡teníamos que ir paso a paso!

Investigación preliminar

¿Qué nos llevó a pensar que la autoatención era una opción válida? Resulta que los clientes tomaban sus decisiones de compra bastante rápido: cerca del 70% de las compras se hacían en solo seis días después de hablar con el vendedor. Y ahí fue cuando nos pusimos a pensar: quizás a esta gente le gustaría un sistema que les permita saltarse esos pasos intermedios y decir adiós a las esperas. ¡Vamos a intentarlo nos dijimos!

Especificación de la solución

La solución que diseñamos fue un cambio de 180 grados, transformando actores, actividades y momentos. Primero, le dimos un lavado de cara al sitio web, llenándolo de información valiosa para que los clientes pudieran tomar decisiones de compra sin tener que llamar a un ejecutivo de ventas. Luego, añadimos un nuevo personaje: una *app* para la autoatención. Así, los clientes podían ingresar sus datos de contacto, productos deseados y medios de pago, saltándose la espera y yendo directo al grano. Claro, siempre podían elegir el camino tradicional y hablar con un ejecutivo si preferían. Para evitar líos entre los distintos canales de atención y las comisiones de ventas, añadimos la opción de *descarterización* y *recarterización* de los clientes en el CRM. De esta manera, los clientes podían elegir si querían atenderse solos o pedir ayuda en caso de tener problemas con el pago. Todo bajo control y con opciones para todos. Si el cliente optaban por el sistema de *e-commerce*, es decir, autoatenderse, no había pago de comisión de ventas. Por otro lado, si la atención la realizaba un ejecutivo de ventas, el sistema respetaba la carterización, permitiendo que pudiese trabajar directo con su cliente, y obviamente recibir la comisión de ventas. ¡El cliente elegía!

Desarrollo del concepto

Aquí nos centramos en dos cosas. Por un lado, mejorar la página web para dar cabida a toda la información técnica del producto, tutoriales y testimonios. Hicimos cambios en la plataforma de contenidos web, en este caso, Wordpress.

com, dándole un nuevo aspecto al sitio.

En segundo lugar, en lo que respecta a la *app* de autoatención, nos pusimos astutos y creamos un prototipo mínimo viable con Formstack.com. Esta herramienta se integra sin problemas con el CRM, permitiéndonos desarrollar una aplicación móvil en un abrir y cerrar de ojos. Y lo mejor de todo es que cubre todos los requisitos esenciales: seguridad, seguimiento, administración y construcción de relaciones con los clientes, todo ello en una plataforma fácil de usar, evitando largas horas de programación.

Pruebas y testeos

Nuestra meta era evaluar el impacto de la autoatención al estilo *e-commerce,* pero aún dejando la opción de atención personalizada por un ejecutivo de ventas. Así que lanzamos otro experimento convergente, donde la variable independiente eran los módulos con opción de compra a través de *e-commerce* y la variable dependiente, la cantidad de ventas finales por autoatención. Nuestra hipótesis era que al menos el 20% de los clientes elegirían autoatenderse.

Seleccionamos aleatoriamente el 20% de los módulos para ofrecer ambas opciones de compra, incluida la autoatención con la nueva *app*. Dejamos el experimento en marcha durante 3 meses, esperando que el 20% de los contratos se realizaran por *e-commerce* (es decir, el 4% del total).

Los resultados fueron prometedores: el primer mes, el 2,1% de los contratos se vendieron de manera autónoma; el segundo mes, el 3,3%; y el tercer mes, el 5,0%, llegando a un promedio del 3,7% de todas las ventas. No alcanzamos el

4% deseado, pero igualmente consideramos el experimento exitoso, ¡las ventas por *e-commerce* estaban funcionando! Esto nos llevó a sugerir a la empresa que ampliara la opción de venta autoasistida a más módulos.

Repetimos el experimento con el doble de módulos con opción de compra por *e-commerce*, pero después de tres meses, nuestra sorpresa fue enorme al ver que el porcentaje solo había aumentado a poco más del 5%, cuando esperábamos un 8%. ¿Qué pasó? ¿Por qué la hipótesis no se cumplió?

Al hablar con los directivos, nos dimos cuenta de otro problema: muchas ventas se realizaban en paquetes y muchos clientes volvían a comprar más módulos con el tiempo. Sin embargo, nuestra solución autoatendida estaba diseñada solo para abordar módulos independientes y clientes nuevos. ¡Otra oportunidad de transformación! La venta de soluciones paquetizadas se convirtió en un nuevo emocionante desafío.

Tercer ciclo de transformación para Fortune

Identificación de la oportunidad

Como descubrimos en el ciclo anterior, nos topamos con otra oportunidad para la transformación digital de Fortune: que puedan ofrecer módulos de manera paquetizada. O sea, darles a los clientes la opción de comprar módulos juntos y, además, permitirles adquirirlos de manera adicional mientras ya tienen algunos servicios en curso, todo de manera automatizada y autoatendida.

Investigación preliminar

Al sumergirnos en la forma en que los clientes de Fortune compraban, nos pusimos a investigar cuántos módulos se vendían anualmente. Teníamos esta corazonada de que la compra de módulos individuales era más bien escasa, o sea, que la mayoría de los servicios se vendían en paquetes o se acumulaban con el paso del tiempo. Al echar un vistazo a los últimos años, nos topamos con que casi el 88% de los módulos no se vendían por separado. ¡Eureka! Esto nos daba una pista de que quizás estábamos en el camino correcto al cambiar el proceso de compra hacia la posibilidad de adquirir módulos en paquete o combinarlos con otros ya en marcha.

Especificación de la solución

Aquí llegamos a un giro en la trama, ya que un nuevo personaje se une al juego, un Sistema Maestro de Módulos. Este sistema nos permitiría manejar en línea todos los productos y servicios de los distintos clientes de Fortune. ¿Y qué pasó con el personal del área de Operaciones? Bueno, ya no eran necesarios en este proceso. Ahora, este flamante nuevo flujo daba a la *app* de autoatención la habilidad de echar un vistazo en línea a los servicios que el cliente tenía en su haber. Eso significaba que podíamos saltar rápidamente al pago y la activación del servicio contratado, ¡hasta la vista a todas esas esperas interminables! Pero, no te preocupes, este tercer flujo aún permitía la atención personalizada con un ejecutivo de ventas. La gran diferencia con el flujo del ciclo anterior es que ahora no había demoras en la configuración del servicio. Así que, sí, teóricamente hemos eliminado esa molesta tercera espera.

Desarrollo del concepto

En este punto debíamos llegamos al prototipo de nuestra solución. Tomamos la decisión audaz de crear nuestro propio sistema para manejar el maestro de los módulos. ¿Por qué? Porque era la forma más viable y rápida de ponerlo en marcha, considerando el servicio único que Fortune ofrece. El papel principal de este sistema era mantener la información de los productos, servicios y su tenencia actualizada para los clientes. Pero claro, este sistema necesitaba hablar con los otros sistemas de la empresa. Así que, ¿qué hicimos? Desarrollamos una serie de web *services* hechos a medida para que todo funcionara como un reloj suizo.

Pruebas y testeos

Nos planteamos un objetivo: averiguar si los clientes optarían por comprar módulos en paquetes y, además, si lo harían de forma autónoma a través de la *app*. Diseñamos nuevamente otro experimento convergente, donde la variable independiente sería la compra de módulos en paquetes mediante *e-commerce* y la variable dependiente, la cantidad de ventas realizadas con la *app* de autoatención frente a las ventas solicitadas a un ejecutivo de ventas. Para que el experimento tuviera sentido, todos los módulos debían tener la opción de agruparse en paquetes. Pero, ¿arriesgarnos a abrir todo el catálogo de ventas? Ni hablar. Así que decidimos exponer solo el 5% de las consultas en la página web a la opción de venta paquetizada de manera automatizada. Esa sería nuestra muestra. Dejamos correr el experimento durante cuatro meses, apuntando a un éxito del 20%, es decir, que el

197

20% de las ventas paquetizadas se realizara sin intervención de un ejecutivo de ventas.

Al finalizar los cuatro meses, descubrimos que, en promedio, el 18,5% de las solicitudes de servicios de ERP en paquetes se habían realizado de forma autoatendida. Estábamos cerca de validar nuestra hipótesis. Y como todo el sistema funcionó con éxito, decidimos ampliarlo a todas las solicitudes de servicio, pasando a la etapa de lanzamiento. ¡Al fin, íbamos por todo!

Lanzamiento

Y entonces, después de esos emocionantes cuatro meses de pruebas y ajustes, nos lanzamos de cabeza al tercer ciclo de transformación, ¡abriendo las puertas a todos los clientes ansiosos por probar la compra paquetizada de módulos! Olvídense del 5% aleatorio; ahora todos podían unirse a la fiesta.

¿Y cómo nos fue?

Bueno, déjenme decirles: el lanzamiento fue un éxito rotundo. En los primeros tres meses, un impresionante 18% de todas las ventas se realizaron 100% por *e-commerce*. Y no terminó ahí; alcanzamos un ritmo constante de alrededor del 22%. Entonces, lo logramos, ¡objetivo alcanzado!

Recomendaciones

En el emocionante viaje de transformación digital de Fortune Ltd., vimos cómo evolucionaron a través de varios ciclos, cada uno trayendo nuevos desafíos y oportunidades. No fue sino hasta la tercera etapa que la solución definitiva despegó, ofreciendo desde compras autoatendidas hasta opciones de paquetes de módulos, incluso si ya se poseían productos adquiridos previamente. Todos estos cambios requirieron ajustes en sistemas, procesos y personas, así como meses de experimentación con soluciones propuestas.

Lo que obtuvimos fue una reducción de errores, un aumento en las ventas a través del *e-commerce*, una disminución en las comisiones de ventas y, lo más importante, un efecto positivo en las ventas totales. Además, todos estos cambios permitieron nuevas configuraciones, la creación y actualización de módulos y nuevos servicios. En resumen, todo esto se convirtió en un ciclo virtuoso de transformación digital, cambiando la propuesta de valor de Fortune para mejor, el gran objetivo final de toda transformación digital.

GLOSARIO

A/B Test: Proceso de experimentación aleatoria según el cual dos o más versiones de una misma variable o experimento se presentan a distintos segmentos de usuarios para determinar cuál de ellas reporta más beneficios a la empresa.

API: *Application Programming Interface*, es una forma para que dos o más programas informáticos se comuniquen entre sí. Es un tipo de interfaz de *software* que ofrece un servicio a otras piezas de *software*.

Augmented reality: Realidad aumentada, es una versión mejorada del mundo físico real que se logra mediante el uso de elementos visuales digitales, sonido u otros estímulos sensoriales, y se entrega a través de la tecnología.

Back-end: Es la parte operativa de un negocio. En otras palabras, es la parte que los clientes y miembros del público rara vez ven o escuchan. Se refiere a las operaciones tras bambalinas.

Big data: Es una colección de datos de gran volumen, pero que crece exponencialmente con el tiempo. Se trata de datos con un tamaño y una complejidad extensa que ninguna de las herramientas tradicionales de gestión de datos puede almacenar o procesar de manera eficiente.

Blockchain: Es un sistema de registro de información que tiene como particularidad que es muy difícil o imposible de cambiar, piratear o modificar. Una cadena de bloques es esencialmente un libro de contabilidad digital de transacciones que se duplica y distribuye en toda la red de sistemas informáticos de la cadena de bloques.

Blueprint maps: Es un mapeo del servicio entregado y se enfoca en exponer desde la superficie hasta el núcleo del negocio que constituye el *backstage* y detrás de escena de cómo se entrega y opera el servicio, y cómo se vincula eso a la experiencia del cliente.

Clustering: Método para identificar grupos de datos similares en un conjunto. Las entidades de cada grupo son comparativamente más similares a las entidades de ese grupo que a las de los otros grupos.

Core: Es la parte de algo que es fundamental para su existencia o carácter. En el caso de las organizaciones, puede ser su sistema, proceso o tecnología central.

CRM: El *Customer Relationship Management* es un proceso en el que una empresa u otra organización administra sus interacciones con los clientes, normalmente mediante el análisis de datos para estudiar grandes cantidades de información.

Crowdsourcing: Es la práctica de obtener información o aportes para una tarea o proyecto contratando los servicios de un gran número de personas, ya sea con o sin remuneración, generalmente a través de internet.

Customer journey: Suma completa de experiencias por las que pasan los clientes al interactuar con su empresa y marca. En lugar de mirar solo una parte de una transacción o experiencia, el viaje del cliente documenta la experiencia completa de ser un cliente.

Customer personas: Es un arquetipo semificticio que representa los rasgos clave de un gran segmento de su audiencia, según los datos que ha recopilado de la investigación cualitativa y cuantitativa del mercado.

CXO: Acrónimo de nivel de la alta gerencia de la organización. C porque la designación de dichos cargos comienza con C como *Chief*, y termina con O como *Oficial*. La X es cualquier área funcional, como finanzas u operaciones.

Dashboard: Es parte de un dispositivo o un programa informático que muestra información y estadísticas sobre el funcionamiento de un sistema o proceso.

Data compliance: El cumplimiento de datos es la estructura de gobierno formal establecida para garantizar que una organización cumpla con las leyes, regulaciones y estándares en torno a sus datos. El proceso rige la posesión, organización, almacenamiento y gestión de activos o datos digitales para evitar su pérdida, robo, mal uso o compromiso.

Data lakes: Repositorio centralizado que permite almacenar todos los datos estructurados y no estructurados a cualquier escala. Se pueden almacenar los datos sin modificarlos y sin tener que estructurarlos primero.

Data marts: Forma simple de almacén de datos centrado en un solo tema o línea de negocio. Con un *data mart*, los equipos pueden acceder a los datos y obtener información más rápidamente.

Data mining: La minería de datos es el proceso de extraer y descubrir patrones en grandes conjuntos de datos que involucran métodos en la intersección del aprendizaje automático, las estadísticas y los sistemas de bases de datos.

Data warehouse: Es un tipo de sistema de gestión de datos que está diseñado para habilitar y respaldar actividades de inteligencia comercial, especialmente análisis. Los almacenes de datos están destinados únicamente a realizar consultas y análisis y, a menudo, contienen grandes cantidades de datos históricos.

Deep learning: Es un subconjunto del aprendizaje automático, que es esencialmente una red neuronal con tres o más capas. Estas redes neuronales intentan simular el comportamiento del cerebro humano.

Deepfake: Una imagen o grabación que ha sido alterada y manipulada de manera convincente para tergiversar que alguien está haciendo o diciendo algo que en realidad no se hizo o dijo. Generalmente utiliza algoritmos de inteligencia artificial.

DevOps: Conjunto de prácticas que combina el desarrollo de *software* (Dev) y las operaciones de TI (Ops). Su objetivo es acortar el ciclo de vida del desarrollo de sistemas y proporcionar una entrega continua con *software* de alta calidad.

Disrupción digital: Es un efecto que cambia las expectativas y comportamientos fundamentales en una cultura, mercado, industria o proceso que es causado por, o expresado a través de, capacidades, canales o activos digitales. Es el cambio que se produce cuando las nuevas tecnologías digitales y los modelos de negocio afectan la propuesta de valor de los bienes y servicios existentes.

Drive-thru: Lugar donde se puede obtener algún tipo de servicio conduciendo por él, sin necesidad de bajarse del automóvil.

E-sports: Abreviatura de deportes electrónicos, es una forma de competencia que utiliza videojuegos. Los deportes electrónicos a menudo toman la forma de competencias de videojuegos multijugador organizadas, particularmente entre jugadores profesionales, individualmente o en equipos.

ERP: *Enterprise Resource Planning*, plataforma que las empresas utilizan para administrar e integrar las partes esenciales de sus negocios. Muchas son críticas porque ayudan a implementar la planificación de recursos al integrar todos los procesos necesarios para operar con un solo sistema.

Etnografía: Método de investigación que consiste en observar las prácticas culturales de diferentes grupos sociales y participar en ellos para así poder contrastar lo que la gente dice y lo que realmente hace.

Fast fashion: Es el término que se utiliza para describir los diseños de ropa que pasan rápidamente de la pasarela a las tiendas para aprovechar las tendencias.

Fintech: *Financial technology*, se utiliza para describir nuevas tecnologías que buscan mejorar y automatizar la entrega y el uso de servicios financieros.

Framework: Marco de referencia, es un conjunto particular de reglas, ideas o creencias que se usan para lidiar con problemas o para decidir qué hacer.

Front-end: Es la interface de la empresa con su medio ambiente, puede incluir acciones de *marketing*, ventas, relaciones públicas atención de clientes, etc.

Georreferenciación: Técnica de procesamiento espacial que utiliza las coordenadas de mapa para determinar una localización geográfica única en el espacio y, así, poder facilitar esta información a las diferentes entidades cartográficas de forma digitalizada.

Inteligencia artificial: Consiste en crear sistemas informáticos inteligente como los humanos para resolver problemas complejos, aprendiendo a través de la experiencia, ajustando su comportamiento, realizando nuevas aportaciones y tareas como humanos.

Internet de las cosas: Sistema tecnológico que permite que los objetos se conecten a internet y entre sí.

IVR: *Interactive Voice Response*, es una tecnología de sistema telefónico automatizado que permite a las personas que llaman acceder a la información a través de respuesta de voz de mensajes pregrabados sin tener que hablar con un agente.

KPI: Significa en inglés *Key Performance Indicator*, o indicador clave de rendimiento. Es una medida cuantificable del rendimiento a lo largo del tiempo para un objetivo específico. Los KPI proporcionan objetivos a los que apuntar los equipos, hitos para medir el progreso y conocimientos que ayudan a las personas de toda la organización a tomar mejores decisiones.

Leads: Cualquier individuo u organización dentro de su alcance de *marketing* que haya interactuado con nuestra marca o que tenga el potencial de convertirse en un futuro cliente. Un cliente potencial puede ser alguien que ve o descarga el contenido, se registra para una prueba o visita la tienda o web.

Lean personas: Es una versión inicial del *customer persona*. En el diseño de la experiencia del usuario (UX), se crean personajes de usuario para determinar el público objetivo del producto para visualizar la experiencia del usuario desde su punto de vista.

Machine Learning: El uso y desarrollo de sistemas informáticos que pueden aprender y adaptarse sin seguir instrucciones explícitas, mediante el uso de algoritmos y modelos estadísticos para analizar y extraer inferencias de patrones en los datos.

Mock-up: Es un modelo estructural de tamaño completo construido a escala principalmente para estudio, prueba o exhibición.

Onmicanalidad: Es un modelo de comunicación utilizado para mejorar la experiencia de los clientes, permitiéndoles estar en contacto constante con la empresa a través de múltiples canales al mismo tiempo.

PLM: *Product Lifecycle Managements*, el proceso estratégico de gestionar el recorrido completo de un producto desde la idea inicial, el desarrollo, el servicio y su eliminación.

Plugin: también llamado complemento o extensión, es un *software* que agrega nuevas funciones a un programa principal sin alterar el programa principal en sí. Ampliamente utilizados en audio digital, video y en la web.

Pre-owned: Un bien que no es nuevo, que ya ha sido propiedad en el pasado de otra persona.

Problema del vendedor viajero: Responde a la siguiente pregunta: dada una lista de ciudades y las distancias entre cada par de ellas, ¿cuál es la ruta más corta posible para visitar cada ciudad exactamente una vez y al finalizar el regreso a la ciudad origen?

RFID: La identificación por radiofrecuencia hace referencia a un sistema inalámbrico compuesto por dos componentes: etiquetas y lectores. El lector es un dispositivo que tiene una o más antenas que emiten ondas de radio y reciben señales de la etiqueta RFID.

Role-play: Es asumir las actitudes, acciones y discurso de otro, especialmente en una situación ficticia en un esfuerzo por comprender un punto de vista diferente o una interacción social. Es personificar.

RPA: *Robotic Process Automation*, es una tecnología de *software* que facilita la creación, implementación y administración de robots que emulan las acciones humanas que interactúan con los sistemas digitales.

Smart retail: Es un enfoque que trata las tecnologías como factores que permiten la innovación y mejoran la calidad de vida de los consumidores, brindándoles compras mejores, más rápidas, más seguras e inteligentes.

Social commerce: Es un subconjunto del comercio electrónico o *e-commerce* que involucra las redes sociales y los diferentes medios en línea que respaldan la interacción social y las contribuciones de los usuarios para ayudar a la compra y venta en línea de productos y servicios. De manera más sucinta, el comercio social es el uso de una red social en el contexto de las transacciones de *e-commerce*.

Wearables: Es una categoría de dispositivos electrónicos que se pueden usar como accesorios, incrustados en la ropa, implantados en el cuerpo del usuario o incluso tatuados en la piel.

Webservice: Es un sistema de *software* que admite la interacción interoperable de máquina a máquina a través de una red.

Widget: Es una pieza de *software* que se utiliza en una página de un sitio web para brindarle al usuario información cambiante de un tipo particular en un área pequeña de la pantalla.

Workflow: Es la forma en que se organiza un tipo particular de trabajo, o el orden de las etapas en un proceso de ese trabajo en particular.

REFERENCIAS

1 IMD (2021). *Digital vortex 2021*. IMD. https://www.imd.org/research-knowledge/reports/digital-vortex-report-2021

2 Branford, Ch. (2023). *A shop-alypse tsunami of shop closures feared as hard-up retailers close across the US with 304 iconic stores set to shut forever*. The Sun. Recuperado el 30 de marzo de 2023 desde https://www.the-sun.com/money/7114811/mass-extinction-event-feared-retailer-stores-close

3 Coresight (2021). *US and UK store closures review 2020 and US outlook 2021*. Coresight. Recuperado el 5 de enero de 2023 desde https://coresight.com/research/us-and-uk-store-closures-review-2020-and-us-outlook-2021

4 Macrotrends (2022). *Target revenue 2006-2022-TGT*. Macrotrends. Recuperado el 6 de enero de 2023 desde https://www.macrotrends.net/stocks/charts/TGT/target/revenue

5 Business Growth Reports (2022). *Global virtual mirror market insights, forecast to 2028*. Business Growth Reports. Recuperado el 7 de febrero de 2023 desde https://www.businessgrowthreports.com/global-virtual-mirror-market-20167164

6 Michelman, P. (2018). *How to go digital*. MIT Press.

7 Ross, J., Weill, P. & Robertson, D. (2006). *Enterprise architecture as strategy: creating a foundation for business execution*. Harvard Business School Press.

8 Domchenko, A. (2021). *Why predictive shopping is going to dominate retail in 2022*. Dataox. Recuperado el 8 de febrero de 2023 desde https://data-ox.com/why-predictive-shopping-is-going-to-dominate-retail-in-2022

9 Bunyik, B. (2019). *Building a scalable experimentation platform at Spotify.* Gaia. Recuperado el 25 de agosto de 2022 desde https://www.youtube.com/watch?v=RPyriHfNblE&ab_channel=GAIA

10 Malik, A. (2022). *Spotify confirms it's testing a new 'car mode' interface with some users.* Techcrunch. Recuperado el 25 de septiembre de 2022 desde https://techcrunch.com/2022/03/25/spotify-testing-car-mode

11 Microsoft (2021). *For Procter & Gamble, data is at the heart of digital transformation.* Microsoft. Recuperado el 7 de octubre de 2022 desde https://customers.microsoft.com/en-us/story/1402016901008352804-procter-and-gamble-consumer-goods-azure

12 Yao, D. (2022). *ScaleUp AI 2022: Procter & Gamble CIO on scaling AI in the enterprise.* AI Business. Recuperado el 7 de agosto de 2022 desde https://aibusiness.com/document.asp?doc_id=776611

13 Neil, S. (2019). *P&G puts manufacturing data in the cloud.* Automation World. Recuperado el 7 de agosto de 2022 desde https://www.automationworld.com/products/software/news/13319729/pg-puts-manufacturing-data-in-the-cloud

14 Forth, P., de Laubier, R., y and Charanya, T. (2021). *Which sectors perform best in digital transformation?* Boston Consulting Group. Https://www.bcg.com/publications/2021/learning-from-successful-digital-leaders

15 La Razón (2019). *Cemex completa implementación de Cemex Go con clientes en todo el mundo.* La Razón. Recuperado el 31 de agosto de 2022 desde https://www.razon.com.mx/negocios/cemex-completa-implementacion-de-cemex-go-con-clientes-en-todo-el-mundo

16 Sandoval, A., Lacivita, B., Marcos, I, y Fookes, W. (2019). *Transform the whole business, not just parts.* McKinsey. https://www.mckinsey.com/business-functions/operations/our-insights/transform-the-whole-business-not-just-the-parts

17 Laczkowski, K., Tam, T., & Winter, M. (2019). *The numbers behind successful transformations.* McKinsey. https://www.mckinsey.com/business-functions/transformation/our-insights/the-numbers-behind-successful-transformations

18 High, P. (2020). *MIT's Jeanne Ross on why companies are only getting five percent of revenues from digital.* Forbes. https://www.forbes.com/sites/peterhigh/2020/01/27/mits-jeanne-ross-on-why-companies-are-only-getting-five-percent-of-revenues-from-digital/?sh=5e74466a2cfb

19 Laczkowski, K., Tam, T., & Winter, M. (2019). *The numbers behind successful transformations.* McKinsey. Https://www.mckinsey.com/

business-functions/transformation/our-insights/the-numbers-behind-successful-transformations

20 Meister, M. (2020). *Inteligencia artificial en Latam VIII: Estrategia, transformación y futuro*. Clase Ejecutiva. Recuperado el 31 de marzo de 2022 desde https://www.claseejecutiva.uc.cl/blog/articulos/inteligencia-artificial-en-latam-viii

21 Gagnon, Ch., John, E., & Theunissen, R. (2017). *Organizational health: A fast track to performance improvement*. McKinsey. Https://www.mckinsey.com/business-functions/organization/our-insights/organizational-health-a-fast-track-to-performance-improvement

22 McKinsey (2022). *Value creation in the metaverse*. McKinsey. Recuperado el 2 de octubre de 2022 desde https://www.mckinsey.com/capabilities/growth-marketing-and-sales/our-insights/value-creation-in-the-metaverse

23 Wang, N. (2022). *Facebook parent Meta loses $2.8B on metaverse division in Q2*. Coin Desk. Recuperado el 11 de octubre de 2022 desde https://www.coindesk.com/business/2022/07/27/facebook-parent-meta-loses-28-b-on-metaverse-division-in-q2

24 Zorpette, G. y Ackerman, E. (2022). *EVTOL companies are worth billions—Who are the key players? And what are they flying?* IEEE Spectrum. Recuperado el 4 de enero de 2023 desde https://spectrum.ieee.org/evtol-air-taxi-industry

25 Half, R. (2022). *Beneficios laborales: una nueva realidad*. Robert Half. Recuperado el 2 de octubre de 2022 desde https://www.roberthalf.cl/blog/tendencias/beneficios-laborales-una-nueva-realidad

26 Advisor Board (2022). *What providers can learn from 'medical malls,' according to HBR*. Advisor Board. Recuperado el 4 de abril de 2022 desde https://www.advisory.com/daily-briefing/2022/01/03/medical-malls

27 Hudd, A. (2022). *Dyeing for fashion: why the clothes industry is causing 20% of water pollution*. Euronews. Recuperado en 4 de agosto de 2022 desde https://www.euronews.com/green/2022/02/26/dyeing-for-fashion-why-the-fashion-industry-is-causing-20-of-water-pollution

28 Poinski, M. (2022). *Kraft Heinz enters joint venture with NotCo*. Food Dive. Recuperado el 5 de agosto de 2022 desde https://www.fooddive.com/news/kraft-heinz-enters-joint-venture-with-notco/619224

29 Cloud Coach (2021). *The stage gate process: a project management guide*. Cloud Coach. Recuperado el 13 de junio de 2022 desde https://cloudcoach.com/blog/the-stage-gate-process-a-project-management-guide

30 Edgett, S. (2018). *The Stage-Gate model: An overview.* Stage Gate International. Recuperado el 13 de octubre de 2022 desde https://www.stage-gate.com/wp-content/uploads/2018/06/wp10english.pdf

31 Power Technology (s.f.). *GE launches digital wind farm technology to make power generation more efficient.* Power Technology. Recuperado el 13 de octubre de 2022 desde https://www.power-technology.com/news/newsge-launches-digital-wind-farm-technology-to-make-power-generation-more-efficient-4582189

32 Brown, B., Kanagasabai, K., Pant, P., y Serpa Pinto, G. (2017). *Capturing value from your customer data.* McKinsey. Recuperado el 10 de julio de 2022 desde https://www.mckinsey.com/business-functions/quantumblack/our-insights/capturing-value-from-your-customer-data

33 Pakdil, F. (2020). *Six Sigma por students.* Palgrave Macmillan.

34 Tillman, M. (2022). *Amazon Go and Amazon Fresh: how the 'Just walk out' tech works.* Pocket Lint. Recuperado el 7 de febrero de 2023 desde https://www.pocket-lint.com/gadgets/news/amazon/139650-what-is-amazon-go-where-is-it-and-how-does-it-work

35 Rogers, D. (2016). *The digital transformation playbook.* Columbia Business School Publishing.

36 Olivares, R. (2019). *Cofundadora de Amazon revela fórmula con la que empresa buscaría dejar como "patético" al retail chileno.* Diario Financiero. Recuperado el 30 de marzo del 2023 desde https://www.df.cl/noticias/empresas/retail/co-fundadora-de-amazon-revela-formula-con-la-que-empresa-buscaria-dejar/2019-04-10/123737.html

37 Kalbach, J. (2021). *Mapping Experiences: A complete guide to customer alignment through journeys, blueprints, and diagrams 2nd edition.* O'Reilly Media Inc.

38 Christensen, C., Hall, T., Dillon, K., y Duncan, D. (2016) *Know your customers' "Jobs to Be Done".* HBR.org. Recuperado l 3 de agosto de 2022 desde https://hbr.org/2016/09/know-your-customers-jobs-to-be-done

39 McMullin, J. (2003). *Searching for the center of design. Boxes and arrows.* Recuperado el 3 de septiembre de 2022 desde https://boxesandarrows.com/searching-for-the-center-of-design

40 Micheaux, A., y Bosio, B. (2018). *Customer journey mapping as a new way to teach data-driven marketing as a service.* Volume 41, issue 2. Journal of Marketing Education. Sage Journals.

41 Gothelf, J. (2011). *Using personas for executive alignment*. Jeffgothelf. Recuperado el 4 de enero de 2023 desde https://www.jeffgothelf.com/blog/using-personas-for-executive-alignment

42 Schrage, M. (2017). *Who do you want your customers to become?* Medium. Recuperado el 7 de octubre de 2022 desde https://feelinspired.medium.com/who-do-you-want-your-customers-to-become-michael-schrage-5a0f634ae2ee

43 Cachon, G. & Terwiesch, CH. (2018). *Matching supply with demand*. McGraw-Hill (4th Edition).

44 Wilson, M. (2020). *Starbucks is about to look a lot different and Covid-19 is only part of the reason why*. Fast Company. Bajado el 18 de abril de 2023 desde https://www.fastcompany.com/90514230/starbucks-is-about-to-look-a-lot-different-and-covid-19-is-only-part-of-the-reason-why

45 Northrup, L. (2017). *How Panera sped up ordering and dispersed its 'mosh pit'*. Consumerist. Recuperado el 20 de abril de 2023 desde https://consumerist.com/2017/06/02/how-panera-sped-up-ordering-and-dispersed-its-mosh-pit

46 Jargon, J. (2017). *How Panera solved its 'mosh pit' problem*. Wall Street Journal. Recuperado el 20 de julio de 2022 desde https://www.wsj.com/articles/how-panera-solved-its-mosh-pit-problem-1496395801

47 Gilbert, J. (2017). *Panera Bread CEO and cofounder Ron Shaich resigns to join the conscious capitalism movement*. Forbes. Recuperado el 12 de abril de 2023 desde https://www.forbes.com/sites/jaycoengilbert/2017/12/13/boy-oh-boy-oh-boy-another-conscious-capitalist-joins-the-fight-against-short-termism/?sh=c32ec0073cd7

48 Coley,B. (2022). *Welcome to Panera Bread: The Next Generation*. QSR Magazine. Recuperado el 20 de marzo de 2023 desde https://www.qsrmagazine.com/reports/welcome-panera-bread-next-generation

49 Stern, G. (2022). *Panera's opens another subscription club: moving from coffee to including beverages*. Forbes. Recuperado el 20 de abril de 2023 desde https://www.forbes.com/sites/garystern/2022/05/04/paneras-opens-another-subscription-club-moving-from-coffee-to-including-beverages/?sh=1dee0aca119b

50 Goldman Sachs (2021). *Framing the future of Web 3.0*. Goldman Sachs. Recuperado el 18 de abril de 2023 desde https://www.goldmansachs.com/insights/pages/gs-research/framing-the-future-of-web-3.0-metaverse-edition/report.pdf

51 Ross, J., Beath, C., y Sebastian, I. (2015). *Why Nordstrom's digital strategy works (and yours probably doesn't)*. Harvard Business Review. Recuperado el 18 de noviembre de 2022 desde https://hbr.org/2015/01/why-nordstroms-digital-strategy-works-and-yours-probably-doesnt

52 Ross, J., Sebastian, I., y Beath, C. (2016). *How to create a great digital strategy*. MIT CISR. Recuperado el 10 de noviembre de 2022 desde https://cisr.mit.edu/publication/2016_0301_GreatDigitalStrategy_RossSebastianBeath

53 Meister, M., y Melo, M. (2022). *Oportunidades para crear valor con la transformación digital.* Clase Ejecutiva, Pontificia Universidad Católica de Chile

54 PWC (2022). *Eight emerging technologies and six convergence themes you need to know about.* PWC. Recuperado el 12 de noviembre de 2022 desde https://www.pwc.com/us/en/tech-effect/emerging-tech/essential-eight-technologies.html

55 IBM (2021). *What are smart contracts on blockchain?* IBM. Recuperado el 10 de noviembre de 2022 desde https://www.ibm.com/topics/smart-contracts

56 KPMG (2022). *The future of the metaverse and extended reality.* KPMG. Recuperado el 10 de noviembre de 2022 desde https://home.kpmg/xx/en/home/insights/2022/04/the-future-of-the-metaverse.html

57 Citi (2022). *Metaverse and money.* Citigps. Recuperado el 14 de noviembre de 2022 desde https://www.citivelocity.com/citigps/metaverse-and-money

58 Walch, K. (2019). *Rethinking weak vs. strong AI.* Forbes. Recuperado el 30 de septiembre de 2022 desde https://www.forbes.com/sites/cognitiveworld/2019/10/04/rethinking-weak-vs-strong-ai

59 Sterne, J. (2017). *Artificial Intelligence for marketing.* New Jersey, US: John Willey & Sons, Inc.

60 Smith, Ch. (2021). *MTurk review: how to make money online with Amazon Mechanical Turk.* Clark. Recuperado el 10 de noviembre de 2022 desde https://clark.com/employment-military/work-from-home-amazon-mechanical-turk-review

61 Wu, J. (2019). *Reinforcement learning, deep learning's partner.* Forbes. Recuperado el 20 de julio de 2022 desde https://www.forbes.com/sites/cognitiveworld/2019/12/10/reinforcement-learning-deep-learnings-partner

62 Open IA (2022). *Introducing ChatGPT.* OpenIA. Recuperado el 5 de marzo de 2023 desde https://openai.com/blog/chatgpt

63 Iyer, A. (2022). *Behind ChatGPT's wisdom: 300 Bn words, 570 GB data.* Analytics India Mag. Recuperado el 5 de marzo de 2023 desde https://analyticsindiamag.com/behind-chatgpts-wisdom-300-bn-words-570-gb-data

64 Bughin, J., Seong, J., Manyika, J., Chui, M., y Josh R. (2018). *Notes from the AI frontier: modeling the impact of AI on the world economy.* McKinsey. Recuperado el 20 de diciembre de 2022 desde https://www.mckinsey.com/featured-insights/artificial-intelligence/notes-from-the-ai-frontier-modeling-the-impact-of-ai-on-the-world-economy

65 Ransbotham, S., Candelon, F., Kiron, D., Lafountain, B., y Khodabandeh, Sh. (2021). *The cultural benefits of artificial intelligence in the enterprise.* MIT Sloan Management Review. Recuperado el 10 de diciembre de 2022 desde https://sloanreview.mit.edu/projects/the-cultural-benefits-of-artificial-intelligence-in-the-enterprise

66 Meister, M. (2020). *Avances y desafíos de la inteligencia artificial en Latino América.* Academia.edu. Recuperado el 11 de diciembre de 2022 desde https://www.academia.edu/43002699/Avances_y_desafios_de_la_Inteligencia_Artificial_en_Latino_Am%C3%A9rica

67 Ibid

68 Ransbotham, S., Khodabandeh, Sh., Fehling, R., Lafountain, B., y Kiron, D. (2019). *Winning with IA.* MIT Sloan Management Review. Recuperado el 11 de diciembre de 2022 desde https://sloanreview.mit.edu/projects/winning-with-ai

69 Microsoft 2 (s.f.). *Experimentation platforrm.* Microsoft. Recuperado el 25 de diciembre de 2022 desde https://www.microsoft.com/en-us/research/group/experimentation-platform-exp

70 Microsoft Azure (2020). *Authenticator app.* Microsoft Twitter. Recuperado el 10 de diciembre de 2023 desde https://twitter.com/azuread/status/1239612116283334666

71 Clark, D. (2021). *Google's '20% rule' shows exactly how much time you should spend learning new skills—and why it works.* CNBC. Recuperado el 27 de diciembre de 2022 desde https://www.cnbc.com/2021/12/16/google-20-percent-rule-shows-exactly-how-much-time-you-should-spend-learning-new-skills.html

72 Lockwood, T., y Papke, E. (2017). *How Intuit used design thinking to boost sales by $10M in a year.* Fast Company. Recupeado el 27 de diciembre de 2022 desde https://www.fastcompany.com/90147434/how-intuit-used-design-thinking-to-boost-sales-by-10m-in-a-year

73 Keller, D. (2018). *Intuit taps text messages, economics to boost farmer incomes in India.* Artha Impact. Recuperado el 25 de diciembre de 2022 desde https://arthaimpact.com/latest_news/intuit-taps-text-messages-economics-to-boost-farmer-incomes-in-india

74 Reddy, R. (2014). *How #Leanstartup methodologies are used at Intuit to develop a product*. LinkedIn. Recuperado el 25 de diciembre de 2022 desde https://www.linkedin.com/pulse/20140702080844-25128494-how-leanstartup-methodologies-are-used-at-intuit-to-develop-a-product

75 India Governance (2012). *Fasal Intuit: improvng the earning capacity of farmers*. Governance Knowledge Centre. Oneworld.net.

76 Guilford, J. P. (1956). *The structure of intellect*. Psychological bulletin, 53(4), 267.

77 Guthrie, G. (2022). *Divergent vs. convergent thinking: how to find the right balance*. Typetalk. Recuperado el 28 de diciembre de 2022 desde https://www.typetalk.com/blog/divergent-vs-convergent-thinking-how-to-find-the-right-balance

78 Rogers, D. (2016). *The digital transformation playbook*. Columbia Business School Publishing

79 Gallo, A. (2017). *A refresher on A/B testing*. HBR. Https://hbr.org/2017/06/a-refresher-on-ab-testing

80 Bhandari, P. (2022). *Independent vs. dependent variables. Definition & examples*. Scribbr. Recuperado el 26 de diciembre de 2022 desde https://www.scribbr.com/methodology/independent-and-dependent-variables

81 Questionpro (s.f.). *Tamaño de la muestra*. Question Pro. Recuperado el 29 de diciembre de 2022 desde https://www.questionpro.com/es/tama%C3%B1o-de-la-muestra.html

82 Tay, L. (2013). *The first Google Glass prototype was built in 90 minutes: here's how*. The Chain Saw. Recuperado el 29 de diciembre de 2022 desde https://www.thechainsaw.com/the-first-google-glass-prototype-was-built-in-90-minutes-heres-how-2013-11

83 Drew, K. (2015). *The big costs behind Google's moonshot start-ups*. CNBC. Recuperado en 29 de diciembre de 2022 desde https://www.cnbc.com/2015/10/22/the-big-costs-behind-googles-moonshot-start-ups.html

84 Burton, J. (2021). *How and why Google Glass failed*. Investopedia. Recuperado el 29 de diciembre de 2022 desde https://www.investopedia.com/articles/investing/052115/how-why-google-glass-failed.asp

85 Santamaría, P. (2022). *Instagram nació de una aplicación con nombre de whisky*. El Output. Recuperado el 30 de diciembre de 2022 desde https://eloutput.com/redes-sociales/instagram/instagram-origen-app-burbn

86 Northrup, L. (2017). *How Panera sped up ordering and dispersed its 'mosh pit'*. Consumerist. Recuperado el 30 de diciembre de 2022 desde https://consumerist.com/2017/06/02/how-panera-sped-up-ordering-and-dispersed-its-mosh-pit

87 Ries, E. (2011). *The lean startup.* Currency, Penguin Random House.

88 Neira, E. (2020). Streaming wars: La nueva televisión. Editorial Libros Cúpula.

89 Wituschek, J. (2022). *Apple TV+ gains market share in the United States while Netflix loses it.* Imore. Recuperado el 16 de enero de 2023 desde https://www.imore.com/apple-tv-gains-market-share-united-states-while-netflix-loses-it

90 Springboad India (2019). *How Netflix's recommendation engine works?* Medium. Recuperado el 16 de enero de 2023 desde https://medium.com/@springboard_ind/how-netflixs-recommendation-engine-works-bd1ee381bf81

91 Chong, D. (2020). *Deep dive into Netflix's recommender system.* Towards Data Science. Recuperado el 17 de enero de 2023 desde https://towardsdatascience.com/deep-dive-into-netflixs-recommender-system-341806ae3b48

92 Gomez-Uribe, c. & Hunt, N. (2016). *The Netflix recommender system: algorithms, business value, and innovation.* ACM transactions on management information systems, Vol 6 (4).

93 Peters, J. (2022). *Streaming's next act.* Accenture. Recuperado el 16 de enero de 2023 desde https://www.accenture.com/us-en/insights/communications-media/future-streaming

94 Urban, S., Sreenivasan, R., y Kannan, V. (2016). *It's All A/Bout testing: the Netflix experimentation platform.* Netflix Tech Blog. Recuperado el 17 de enero de 2023 desde https://netflixtechblog.com/its-all-a-bout-testing-the-netflix-experimentation-platform-4e1ca458c15

95 Christensen, C. (2016). *Know your customers' "Jobs to be done".* Harvard Business Review. Recuperado el 16 de enero de 2023 desde https://hbr.org/2016/09/know-your-customers-jobs-to-be-done

96 Tepper, T. y Curry, B. (2022). *Instacart IPO: what you need to know.* Forbes. Recuperado el 20 de diciembre de 2022 desde https://www.forbes.com/advisor/investing/instacart-ipo

97 Redman, R. (2022). *Instacart fine-tunes personal shopper ratings system.* Super Market News. Recuperado el 22 de diciembre de 2022 desde https://www.supermarketnews.com/online-retail/instacart-fine-tunes-personal-shopper-ratings-system

98 Stanley, J. (2016). *Data science at Instacart.* Instacart. Recuperado el 22 de diciembre de 2022 desde https://tech.instacart.com/data-science-at-instacart-dabbd2d3f279

99 Mixson, E. (2021). *Instacart: Delivering incredible customer experiences with advanced analytics and machine learning.* AI Data Analytics. Recuperado el 20 de enero de 2023 desde https://www.aidataanalytics.network/data-science-ai/articles/instacart-advanced-analytics-and-machine-learning

100 IBM (2013). *Dow Chemical Company optimizes facility management worldwide.* IBM. Recuperado el 15 de septiembre de 2022 desde http://ftpmirror.your.org/pub/misc/ftp.software.ibm.com/common/ssi/ecm/ti/en/tic14276usen/watson-iot-tivoli-ti-case-study-tic14276usen-20171212.pdf

101 ClassNK (2022). *NAPA and MOL have rolled out digital Navigational Risk Monitoring Solution on over MOL's 700+ ships.* ClassNK. Recuperado el 15 de enero de 2023 desde https://www.classnk.or.jp/hp/en/hp_news.aspx?id=7282&type=press_release&layout=1

102 AWS (2022). *AWS IoT Analytics.* Amazon Web Services. Recuperado el 15 de enero de 2023 desde https://aws.amazon.com/iot-analytics/?nc1=h_ls

103 Huff, E. (2022). *Using social insights to measure the ROI of event sponsorships and partnerships.* Synthesio. Recuperado el 16 de enero de 2023 desde https://www.synthesio.com/blog/social-insights-to-measure-event-roi

104 Stevens, S. (2017). *Big data: volume, variety, velocity, veracity.* CEBM. Recuperado el 20 de enero de 2023 desde https://www.cebm.net/2017/10/machine-learning

105 Stedman, C. (2021). *What is data architecture? A data management blueprint.* Tech Target. Recuperado el 17 de enero de 2023 desde https://www.techtarget.com/searchdatamanagement/definition/What-is-data-architecture-A-data-management-blueprint

106 Keboola (2022). *What is data integration (with 5 use cases).* Keboola. R el 17 de enero de 2023 desde https://www.keboola.com/blog/what-is-data-integration-with-5-use-cases

107 Gaur, A. (2019). *Project selection methods top 5 criteria.* Milestone Task. Recuperado el 5 de febrero de 2023 desde https://milestonetask.com/project-selection-methods/#.XOYAjFMzZQI

108 Woerner, S., Weill, P., y Sebastian, I. (2022). *Future ready.* Harvard Business Review Press.

109 Buehler, R., Griffin, D., y Peetz, P. (2010). *Chapter one – the planning fallacy: cognitive, motivational, and social origins.* Advances in Experimental Social Psychology

110 Furr, N., & Shipilov, A. (2018). *How does digital transformation happen?* The Mastercard Case. INSEAD. Harvardbusiness.org

111 Furr, N., y Shipilov, A. (2021). *A playbook for creating adaptive ecosystems.* Ecosystem Alliance. Recuperado el 7 de enero de 2023 desde https://business-ecosystem-alliance.org/2021/08/23/a-playbook-for-creating-adaptive-ecosystems

112 Weill, P. & Woerner, S. (2018). *What's your digital business model?* Harvard Business School Publishing.

113 Furr, N., & Shipilov, A. (2018). *How does digital transformation happen?* The Mastercard Case. INSEAD. Harvardbusiness.org

114 Malas, M. (2022). *A day in the life of a data science leader at Mastercard.* Fortune. Recuperado el 5 de febrero de 2023 desde https://fortune.com/education/business/articles/2022/06/14/a-day-in-the-life-of-a-data-science-leader-at-mastercard

115 Schrage, M., & Kiron, G. (2018). *Leading with next-generation key performance indicators.* MIT Sloan. Recuperado el 30 de enero de 2023 desde https://sloanreview.mit.edu/projects/leading-with-next-generation-key-performance-indicators

116 Twin, A. (2022). *Key Performance Indicators (KPIs).* Investopedia. Recuperado el 10 de febrero de 2023 desde https://www.investopedia.com/terms/k/kpi.asp

117 Schrage, M., & Kiron, G. (2018). *Leading with next-generation key performance indicators.* MIT Sloan. Recuperado el 10 de enero del 2023 desde https://sloanreview.mit.edu/projects/leading-with-next-generation-key-performance-indicators

118 Salesforce (2022). *Go to market faster with out-of-the box app, portal, and website templates.* Salesforce. Recuperado en 26 de enero de 2023 desde https://www.salesforce.com/products/experience-cloud/features/templates